新白話六法系列 005

民法・總則

增訂第六版

王惠光、黃碧芬 · 著

THE LAW

書泉出版社 印行

出版緣起

　　談到法律，會給您什麼樣的聯想？是厚厚一本《六法全書》，或是莊嚴肅穆的法庭？是《洛城法網》式的腦力激盪，或是《法外情》般的感人熱淚？是權利義務的準繩，或是善惡是非的分界？是公平正義、弱勢者的保障，或是知法玩法、強權者的工具？其實，法律儘管只是文字、條文的組合，卻是有法律學說思想作為基礎架構。法律的制定是人為的，法律的執行也是人為的，或許有人會因而認為法律是一種工具，但是卻忽略了：法律事實上是人心與現實的反映。

　　翻閱任何一本標題為《法學緒論》的著作，對於法律的概念，共同的法學原理原則及其應用，現行法律體系的概述，以及法學發展、法學思想的介紹……等等，一定會說明清楚。然而在我國，有多少人唸過《法學概論》？有識之士感歎：我國國民缺乏法治精神、守法觀念。問題就出在：法治教育的貧乏。試看九年國民義務教育的教材，在「生活與倫理」、「公民與道德」之中，又有多少是教導未來的主人翁們對於「法律」的瞭解與認識？除了大學法律系的培育以外，各級中學、專科與大學教育中，又有多少法律的課程？回想起自己的求學過程，或許您也會驚覺：關於法律的知識，似乎是從報章雜誌上得知的占大多數。另一方面，即使是與您生活上切身相關的「民法」、「刑法」等等，其中的權利是否也常因您所謂的

「不懂法律」而睡著了？

　　當您想多充實法律方面的知識時，可能會有些失望的。因為《六法全書》太厚重，而一般法律教科書又太艱深，大多數案例式法律常識介紹，又顯得割裂不夠完整……

　　有鑑於此，本公司特別送請法律專業人士編寫「白話六法」叢書，針對常用的法律，作一完整的介紹。對於撰文我們要求：使用淺顯的白話文體解說條文，用字遣詞不能艱深難懂，除非必要，盡量避免使用法律專有名詞。對於內容我們強調：除了對法條作字面上的解釋外，還要進一步分析、解釋、闡述，對於法律專有名詞務必加以說明；不同法規或特別法的相關規定，必須特別標明：似是而非的概念或容易混淆的觀念，一定舉例闡明。縱使您沒有受過法律專業教育，也一定看得懂。

　　希望這一套叢書，對普及法律知識以及使社會大眾深入瞭解法律條文的意義與內容等方面都有貢獻。

自 序

　　一般人對法律的印象總認為是艱澀難懂、莫測高深的。事實上，法律固然有其複雜的一面，但也不是難到只有學法律的人才看得懂。因為法律是人類社會生活的共同規範，法律所呈現的精神和我們日常生活中的公平正義觀念是相通的，大概也就是說，大家都認為是錯的，法律的規定也不會認為是合法的；而大家都認為是對的，法律也不至於規定是非法的。正因為法律的精神和我們日常生活的精神是相契合的，所以一般人只要稍加訓練，掌握一些法律的基本精神和特殊用語，即使不能成為一個法律專家，大概也可以搞清楚合法與非法的分野。

　　長久以來，有關法律的書籍，其用語大都不是通俗的白話文。事實上，大部分法律文章的用語確實和一般的白話文有相當大的差異，是一種既非文言也不是白話的文體，平常人初次接觸，一定會被這種翻來覆去的文體所迷惑，以至於讀不懂到底是在說些什麼。很多人接到法院的判決書時，便常常搞不清楚真正的理由是什麼。老實講，即使是法律系的學生，也需要一段相當時間的訓練，才能漸漸習慣於這種文體。

　　我們有感於一般的法律文章，由於文體不是淺顯的白話文，很多說明與敘述的方式，也常常過於冗長而不容易被一般人所瞭解，所以筆者就希望寫出一本一般人就可以讀得懂的法律文章，以白話文來解釋條文，使不是讀法律的普通人也可以

看得懂。近年來,已經有很多人意識到法律文章其實應該儘量寫成白話,使一般人也能看得懂,所以市面上已經有很多的法律文章都是用一般人可以看懂的文體來撰寫。只不過在說理與論述時,為了符合法律嚴密的邏輯要求,所以難免還是會有一些繁雜的字句出現。本書雖然是以白話文作為解釋法律條文的方式,但有時候也是難免會有一些艱深的字句出現,這也只能說是法律的個性使然。但是在儘可能的範圍內,我們的說明都力求簡明,舉例也力求淺顯,希望能使每一個人都能讀得懂這本書。

　　民法是國民日常生活所應遵循的基本大法,很多法律的基本精神與概念都在本法中闡明。希望本書能夠帶給大家日常生活最直接的法律需求。拉丁法諺中有一句「法律是善良和公平的藝術」(Jus est ars boni et edqui),如果大家的日常生活都能本持善良與公平的心,則這個社會必定是法治的社會,也必定是進步的社會。

王惠光

凡 例

（一）本書之法規條例，依循下列方式輯印：

1. 法規條文，悉以總統府公報為準，以免坊間版本登載歧異之缺點。

2. 法條分項，如遇滿行結束時，則在該項末加「。」符號，以與另項區別。

（二）本書體例如下：

1. 條文要旨：置於條次右側，以（　　）表示。

2. 解說：於條文之後，以淺近白話解釋條文意義及相關規定。

（三）參照之法規，以簡稱註明。條、項、款及判解之表示如下：

條：1、2、3……

項：Ⅰ、Ⅱ、Ⅲ……

款：①、②、③……

但書規定：但

前段：前、後段：後

司法院34年前之解釋例：院……

司法院34年後之解釋例：院解……

大法官會議解釋：釋……

最高法院判例：……台上……

行政法院判例：行……判……

沿 革

1. 民國18年5月23日國民政府制定公布總則編全文152條；並自民國18年10月10日施行。

2. 民國71年1月4日總統令修正公布第8、14、18、20、24、27、28、30、32～36、38、42～44、46～48、50～53、56、58～65、85、118、129、131～134、136、137、148、151、152條條文；並自民國72年1月1日施行。

3. 民國97年5月23日總統令修正公布第14、15、22條條文；增訂第15-1、15-2條條文；第14～15-2條修正條文，自公布後一年六個月（98年11月23日）施行；第22條修正條文施行日期，以命令定之。

   民國97年10月22日總統令公布第22條修正條文定自98年1月1日施行。

4. 民國104年6月10日總統令修正公布第10條條文；並自公布日施行。

5. 民國108年6月19日總統令修正公布第14條條文。

6. 民國110年1月13日總統令修正公布第12、13條條文；並自112年1月1日施行。

目 錄
Contents

民法總序

民法的概念

　　所謂民法，就是規定私人與私人之間民事上權利義務關係的法律。

公法與私法

　　想要真正瞭解民法的意義，必須先認清法律有三大領域，那就是公法和私法。公法是在處理國家行使公權力時和國民之間所發生的權利義務關係，而私法則是在處理私人與私人之間日常社會生活所發生的權利義務關係。

　　例如憲法、國籍法、稅法、兵役法、刑法、訴訟法等，都是屬於公法。公法關係的雙方當事人一方是國家，一方是國民，由於是公權力的行使，因此公法關係中雙方當事人的地位並不平等。這種不平等的現象表現在兩方面，也就是權利義務上的不平等以及意思效果上的不平等。就權利義務關係而言，在公法關係中，國民是居於被國家公權力所支配的地位，國民有遵從公權力的義務，卻不一定有相對等的權利。例如，國民因為犯罪而服徒刑，或者因為違反交通規則而遭受處罰，並不能因為自由受到限制或者金錢受到減損而對於國家有所請求。另一方面，就意思效果而言，國民單方面的意思並不能改變其

和國家之間所存在的公法關係，例如，某位國民雖然不願意服兵役，他仍然必須服兵役，或者某位國民不願意繳太多的稅，但他需要繳交的稅金並未因此而減少。

反觀私法關係，由於是處理私人與私人之間的日常生活關係，例如買賣、租賃、借貸、離婚、結婚、繼承等，因此私法關係的雙方當事人間地位是平等的，並沒有主從尊卑的不對等現象。從權利義務的角度而言，在私法關係中，權利義務通常是相伴隨的，當事人之一方享受權利時，通常也負有相當的義務，例如，在買賣關係中，當你取得買賣標的物的所有權，同時你也必須給付買賣價款。又如在婚姻關係中，夫妻互享有被扶養的權利，但也互相負有扶養他方的義務。當然，在比較特殊的情形下，也有可能享受權利而沒有相當的義務，例如，贈與關係中，受贈人享受權利的同時並沒有相同的義務，不過這是出於贈與人本身的自願，和公法關係中不問國民有無意願均須受公權力支配的情形不盡相同。從這裡，我們也可以瞭解，在私法關係中，當事人的意思主宰著私法關係的形成與內容。例如，沒有人可以強迫你把房子租給別人，沒有人可以強迫你把房子設定抵押，也沒有人可以強迫你離婚、結婚。

瞭解了公法與私法的差別，我們就可以知道民法是屬於私法的領域，所以民法的條文都是建立在當事人相互平等的基礎上所制定的。

狹義的民法和廣義的民法

在法律的用語上，民法有廣狹二義。狹義的民法是指六法全書中的「民法」法典，由於這部法典的名稱就叫作「民

法」，因此形式意義的民法指的就是這部民法。如果採用民法的狹義定義，則民法就只是私法的一部分，並非私法的全部。

如果用廣義的定義來解釋，則廣義的民法等於是私法的全部。除了民法以外，其他例如公司法、票據法、海商法、保險法（以上四種法律合稱商事法）、土地法、動產擔保交易法等，也都是規定私人間的權利義務關係，把這些法律以及這些法律的法理、判例總合起來，就是廣義的民法。由於不論有沒有使用「民法」這個名稱，只要是處理私人間權利義務關係的法律、法理、判例，一律將之劃入廣義的民法定義中，因此實質意義的民法指的就是廣義的民法。

在本書中，如果沒有特別說明，所指的民法是狹義、形式意義的民法。

我國民法的制定與修正

我國民法典的沿革

我國歷代法制，多偏重在刑事法及行政法方面，成文法典以戰國時代魏國李悝的「法經」為濫觴，其後如「漢律」、「唐律」等，但對於民事法方面則缺乏有系統的法典。直到滿清末年為變法圖強，才開始編纂民法草案。

第一次民法草案於光緒33年開始編修，至宣統3年完成，是為大清民律草案，但該草案未及施行，滿清已經覆亡。中華民國政府成立後，在民國14年至15年間，曾參照大清民律草案完成第二次民律草案，該草案曾經司法部通令全國各級法院暫

行參酌採用，但並未正式公布施行。

現行民法則是在國民政府奠都南京之後，於民國18年至20年間陸續制定公布施行的。

民法的編制及主要內容

我國民法是仿照德國民法、法國民法、瑞士民法、瑞士債務法及日本民法編纂而成，在編制上則是採用德國的民法體例，計分總則編、債編、物權編、親屬編、繼承編五編。

由於我國民法是沿襲自歐陸的民法法典，因此大部分的條文是仿照歐陸的制度，而承繼我國固有法制或民間習俗的條文，只有一小部分，也因此在適用上常會出現削足適履的情形。例如，台灣民間盛行的合會制度，在民法中卻付諸厥如，因此遇有合會糾紛，必須延引附會其他條文強加解釋，雖然大部分問題尚能處理，但難免有捉襟見肘的感覺，故於民國88年增訂第二編第二章第十九節之一「合會」。這種民法條文與社會習慣不盡相同的現象如果沒有加以注意，常會因為對法律認知錯誤而喪失法律上的權利，因此在日常交易中，必須注意習慣與民法的規定有時會有不同的地方。

以下就民法各編的內容分述說明其大要：

總則編

民法的第一編為總則編，共分七章，有152條條文，另外有總則施行法19條。

第一章為法例，規定法律適用與解釋的一般共同原則，性質上是總則編的總則規定。

第二章為人，規定民法上的權利主體包括自然人及法人（法人又分社團法人及財團法人）。本章分為二節，分別就自然人及法人權利能力的形式與消滅、權利行使的保護與行使方式作規定。

第三章為物，物可分成動產及不動產，二者所適用的法律幾乎完全不同。本章除規定動產及不動產的定義外，對於主物與從物間的關係，還有孳息的歸屬亦均有規定。

第四章為法律行為，本章對於法律行為應適用的原則、行為能力、意思表示的效力、附條件及期限之法律行為、代理以及法律行為的無效及撤銷，均有規定。

第五章為期日及期間，本章係對於法律領域中時間的計算方式作標準化的規定。

第六章為消滅時效，為了避免權利長期的不行使造成新事實與舊權利無法相容的現象，並為了督促權利人及早行使權利以減少法律紛爭，本章特別就時效的期間及其效果作規定。

第七章為權利之行使，權利之行使固然是權利人的自由，但權利之行使也有其社會責任，本章即是對權利之行使與社會整體公益作調和式的規定。

在理論上，總則編既然是民法各編共同適用的定義性規定，應該是可以直接適用於其他各編，但其實不然。因為民法中的法律行為可區分為財產行為及身分行為，財產行為是以經濟活動為基礎，身分行為則以人倫秩序作考量。一般認為民法總則編的規定在財產行為可以完全適用，但對於身分行為則不能完全適用。民法債編及物權編均是有關財產行為的規定，因此除非法律有特別規定，否則總則編可以完全適用。至於民法親屬編及繼承編，則規定有純粹的身分行為（例如訂婚、結

婚、離婚、收養）以及身分上的財產行為（例如夫妻財產契約的訂定、扶養的請求），關於身分上的財產行為，也有民法總則編的適用，但關於純粹的身分行為，則總則編只有在不違背身分行為性質的範圍內才有適用，如果總則編的規定與身分行為的本質不合，則這些規定就不能適用。

債編

本編共分二章，計604條條文，另有施行法36條。本編為關於債權債務的規定，條文繁多，幾乎占本法條文的半數，國民日常生活中，幾乎每天都適用到債編的規定，例如，從一早買早點、搭車上班就已經開始了　連串的債權債務關係，只是因為在大部分的情形之下我們沒有違反債編的規定，也就不會有民法債編規定的責任，因此沒有感受到債編規定的存在。

債編的第一章通則，第一節先就民法上四種債的發生原因：契約、無因管理、不當得利、侵權行為（代理權的授與亦規定在債編通則裡，但一般均不認為是債的發生原因）先作規定。接著第二節規定債之標的，亦即就種類之債、貨幣之債、利息之債、選擇之債以及損害賠償之債，分別就其意義及效力作規定。第三節規定債之效力，分別規定了債務履行的方式、債務不履行的種類及效力、債務如何保全，以及契約的確保、解除及終止的方式及效果。第四節是針對多數債權人及多數債務人間所發生的可分之債、連帶之債以及不可分之債等相互關係作規定。第五節規定債之移轉，分別規定了債權讓與及債務承擔的方式與效力。第六節規定五種債權消滅的方式，亦即清償、提存、抵銷、免除、混同。

債編的第二章為各種之債。本章係將27種典型的債權債

務關係分別規定，這27債是買賣、互易、交互計算、贈與、租賃、借貸、僱傭、承攬、旅遊、出版、委任、經理人及代辦商、居間、行紀、寄託、倉庫、運送、承攬運送、合夥、隱名合夥、合會、指示證券、無記名證券、終身定期金、和解、保證、人事保證。由於我國民法是採取民商合一制，因此很多應該在商法上才有的規定，也規定到民法當中，例如交互計算、經理人及代辦商、行紀、倉庫、運送等，除商業上常使用之外，一般人民日常生活並不常用。而且這些商業性的契約，因為我國另有商事性的民事特別法對這些契約有更詳細的規定，如公司法、票據法、海商法、保險法，因此民法中這些商業性的契約其重要性並不高。

債法所採用的原理是「契約自由」的原則，也就是說只要不違背法律的強行規定也不違反公序良俗，則當事人對於契約的內容可以自由約定，只有在契約條文不明白或不完備時，民法的規定才作為補充性的規範。

物權編

物權編共分十章，計有210條，另有施行法24條。物權編主要在規定物權的種類及其內容，以及物權的取得喪失及變更的方式。

第一章為通則，規定物權行為所適用之原則及物權取得、喪失、變更的方式。

第二章為所有權，規定所有權的內容及取得時效，並分別就不動產所有權及動產所有權的內容以及共有關係之處理作規定。

第三章為地上權、第四章原為永佃權（現已刪除）、第四

章之一為農育權、第五章為不動產役權、第六章為抵押權、第七章為質權、第八章典權、第九章為留置權,各章分別規定各該物權的定義及權利內容。

民法的物權可分為二大類,一為所有權,一為限制物權。所有權係對於標的物能全面支配並完全使用收益的權利,限制物權則不能對於標的物為全面支配,其權利僅限於某一方面或某數方面。物權編第三章至第九章所規定之各項權利即為限制物權。

第十章為占有。占有在我國民法上並非是一種物權,它只是一種事實。不過占有的事實受民法的保護,使占有具有類似物權的效力。

親屬編

親屬編共分七章,計171條,另有施行法15條。親屬主要在規定親屬關係的形成及親屬間的權利義務關係。

第一章為通則,規定血親及姻親的定義以及親等的計算。

第二章為婚姻,規定婚約及婚姻的要件以及其效力,另外還規定離婚的方式及要件。

第三章為父母子女,規定父母子女間相互的權利義務。

第四章為監護,針對未成年人及受監護宣告之一人的監護要件及監護方式分別為規定。

第五章為扶養,規定扶養的要件及方式。

第六章為家,規定家的意義以及家長家屬間的關係。

第七章為親屬會議,規定親屬會議的組成及其決議方式。

親屬編與社會的傳統倫理思想關係最為密切。我國傳統的親屬法制因為受到儒家法律觀的影響,所以帶有濃厚的團體主義及男權主義的色彩。現行民法親屬編大部分承襲歐陸法制,除了某些條文受到固有習慣影響而仍有宗族色彩以及男尊女卑的觀念之外,基本上,親屬編係建立在國人主義及男女平等的基礎之上。

繼承編

繼承編共分三章,計88條,另有施行法11條。

第一章為遺產繼承人,規定繼承人的順序及其繼承的權利。

第二章為遺產之繼承,規定繼承的效力、限定之繼承、遺產的分割、繼承之拋棄以及無人承認之繼承。

第三章為遺囑,規定遺囑的方式、效力及其執行,另外也規定了遺囑的撤回以及繼承人特留分的保護。

繼承編也是大部分沿襲歐陸的法制,尤其現行法廢除了宗祧制度並採用男女平等的繼承原則,對於社會觀念的改革導引,有極重要的貢獻。

第一編
總　則

總則編導言

　　民法總則編是有關於民法適用的總體原則性規定，很多民法用語的定義規定，都出現在民法總則當中，如果對民法總則的定義規定不瞭解，則對於民法條文的用語也會產生混淆。尤其有些民法總則的定義規定，不只適用在民法，甚至其他法律也有其適用，所以瞭解民法總則可以說是瞭解法律的最初步工作。

　　而因為民法是有關於人和人之間權利義務的規定，民法總則的編排方式也就順著這個邏輯思考程序。最開始的第一章五個條文是有關於民法適用及簽名及數字的確定方式，接著第二章就是有關於人的定義，因為人有自然人和法人之分，其出生與死亡，成立與消滅，自須有所遵循。而自然人的自由與權利，還有自然人及法人的住所，法人的組織等，本章均有規定。

　　第三章是有關物的規定。物有動產、不動產之分，在民法適用上有很重要的區別，而何謂主、從物，何謂孳息，本章均有規定。

　　第四章是法律行為的規定。人必須作出法律行為，才會使權利義務發生變動。什麼樣的行為有效、無效，什麼樣的行為有瑕疵而會被撤銷，什麼樣的行為是效力未定，其要件及效力均有規定。

　　第五章是期日及期間的規定。法律用語中的時間如何計

算，曆法及年齡如何計算，本章均有規定。

第六章是消滅時效的規定。權利如果長久不行使，法律即不再予以保護，即權利的消滅時效。消滅時效的期間、中斷，完成與不完成，本章均有規定。

第七章是權利之行使。權利只能以正當的方式行使，不能有不正當的情形。而何為正當與不正當，其效果如何，本章均有規定。

|第一章|
法　例

　　法例是全部民法條文適用及解釋的共同原則。各國民法不一定有法例的規定，瑞士民法有法例，德國民法則沒有法例的規定，我國法仿照瑞士民法的規定訂有法例一章。在性質上，法例不只是民事關係，甚至是公私法律關係全部領域的共同指導原則。

第1條（民事法規之適用順序）
民事，法律所未規定者，依習慣；無習慣者，依法理。

解說

　　本條規定民事法規適用的順序。民事事件和刑事事件不一樣，刑事事件是採取所謂「罪刑法定主義」，法院在審理刑事案件時，如果被告所作的行為法律沒有處罰的規定，法官就必須諭知無罪的判決。但是在民事事件，法官不得以法律沒有規定而拒絕審判，法官審理民事事件時，應首先適用法律而為裁判；法律沒有規定，應該依習慣而為裁判；如果法律沒有規定，也沒有可以依循的習慣，則法官應依法理而為裁判。

　　本條所謂的法律是指廣義的法律。一般的法律用語中，

所謂法律是指經立法院通過，總統公布的法律（憲§170），但本條所稱的法律，除了憲法上所稱的法律外，還包括行政規章、自治法規、條約等。

而本條所稱的習慣，並非一般的習慣，而是指具有法的效力與價值的習慣，也就是必須是「習慣法」，而非單純的習慣。要成為習慣法，必須社會上普遍認為該習慣具有法律的拘束力，大家必須共同遵守，如果社會上對於某個習慣並沒有形成共同遵循的共識，則該習慣就還不能成為習慣法。

習慣在適用的順序而言，原則上是居於補充的地位，只有在法律沒有規定的時候，才會適用習慣。

法理是法律的自然道理。例如公平正義的理念、公序良俗、誠實信用、利益平衡原則等，通常法理來自於立法理由、沿革、學術論著、裁判例、外國立法例、外國法院的裁判等。

第2條（習慣適用之限制）
民事所適用之習慣，以不背於公共秩序或善良風俗者為限。

解說

本條規定民事事件所適用的習慣必須不違背公共秩序或善良風俗。因為我國幅員遼闊，各地方風土民情各異，必須去除不合時宜、不合政策的習慣，使裁判有客觀的公平性，並使國民有統一的生活規範，以提高法律生活水準。

公共秩序和善良風俗是一種「不確定的法律概念」。公共秩序是國家及社會生活的共同要求，包括立國精神及基本國

策。善良風俗是國民的一般倫理與道德觀念，包括文化傳統、生活方式及民間習俗。在法律條文中二者時常併用，而在概念上二者亦相互貫通。

在實務上，因為習慣有背於公序良俗而不適用的情形，例如，父母於子女年幼時為其訂立婚約的習慣（39年上字第618號判例）；物出賣時，親屬或近鄰有優先購買的習慣（30年上字第132、191號判例），均因有背公序良俗而不被認為有法律的效力。

第3條（文字使用之準則）

依法律之規定，有使用文字之必要者，得不由本人自寫，但必須親自簽名。

如有用印章代簽名者，其蓋章與簽名生同等之效力。

如以指印、十字或其他符號代簽名者，在文件上，經二人簽名證明，亦與簽名生同等之效力。

解說

法律行為不一定要作成書面，但如果依照法律規定（法定要式行為）或者當事人約定（約定要式行為）必須使用文字作成書面，則應依本條規定的方式為之。

如果必須使用文字作成書面時，除了性質上必須由本人親自書寫者外，例如自書遺囑（民§1190），都可以由他人代筆，但必須親自簽名。簽名不一定要簽全名，只簽姓或只簽名，甚至簽別名、筆名、藝名等，只要能夠辨明確實是由本人親自簽具的，仍然有簽名的效力。

　　民法上以簽名為主，蓋章為輔，如果不簽名而使用蓋章，也和簽名有相同的效力。一般使用印章代替簽名時，並不一定要使用印鑑章。所謂印鑑章，是由當事人選用特定的圖章藉以識別而防止偽造的印章。印鑑有兩種，一種是依照「印鑑登記辦法」在戶政事務所登記的印鑑，主要在辦理不動產登記及簽具特定的委託書之用：另一種印鑑是在其他機關例如銀行或特定公司行號所留用的，主要在簽發票據，領取款項，辦理登記之用。如果必須使用印鑑章而沒有蓋用印鑑章，則會被推定為手續不完備而不生法律效果。

　　如果不會簽名，亦無印章，則可以用按指印、劃十字或其他符號代替簽名，但必須有二個以上的證人簽名確認其真正，才會發生和簽名相同的效力。

第4條（確定數量準則之一）
關於一定之數量，同時以文字及號碼表示者，其文字與號碼有不符合時，如法院不能決定何者為當事人之原意，應以文字為準。

解說

　　關於數量問題，如果在同一法律行為中，同時以文字與號碼二種方式顯示，而二者又不相符合時，例如契約上先以文字表明「三千八百元」，又以號碼表示「8,300元」，這時法院應先調查究竟那一個數目才是當事人真正的意思，如果經過調查後仍然沒有辦法確認，則以文字為準，如果可以確認當事人之意見，則以當事人之意見為準。

　　不過這是一般的情形，如果法律有特別規定則應該依其規定，例如票據法第7條：「票據上記載金額之文字與號碼不符時，以文字為準。」因此票據上的文字與號碼若不相符合，縱然發票人真正的意思是號碼所顯示的數目，文字是筆誤，仍然應該以文字為準。

第5條（確定數量準則之二）
關於一定之數量，以文字或號碼為數次之表示者，其表示有不符合時，如法院不能決定何者為當事人之原意，應以最低額為準。

解說

　　第4條是在處理文字和號碼之間不相符合時如何確定數量，本條則在處理文字或號碼同時有數種不同之表示時如何確定數量。例如，契約上第1條記載「四萬五千元」，在第2條又記載「五萬四千元」，或者在第1頁寫「34,000元」，在第2頁又寫「43,000元」。此時法院仍應先調查當事人真正的意思，如果不能確定當事人的真意，則以最低額為準，如果可以確認當事人之意見，則以當事人之意見為準。

　　本條之所以採取最低額為準的立法方式，其目的是在減輕債務人的負擔。例如，債務人究竟應該給付四萬五千元或者是五萬四千元產生疑問時，推定債務人只須給付45,000元將會減輕債務人的負擔。這樣的立法和法國民法第1162條：「契約之文意有疑問時，應為債務人之利益解釋之」，具有相同的意旨。

第二章

人

　　在法律上能夠享受權利並且負擔義務的能力稱為「權利能力」，在本法中，只有「權利主體」才具有權利能力，而所謂權利主體有二種：自然人和法人。本法中如果提到「人」這個字，通常是包括自然人和法人，但有時候也單單指自然人而言。因此必須依據各個具體條文所規定的事項而決定到底該條文是指廣義的人還是狹義的人，原則上，如果所規定的事項性質上是專對自然人而言，例如「未成年人」、「失蹤人」、「被繼承人」等，則是指狹義的人，不包括法人在內，否則便是包括法人在內的廣義的人。

第一節　自然人

第6條（權利能力之始終）
人之權利能力，始於出生，終於死亡。

解說

　　本條規定自然人的權利能力從出生時開始，至死亡時消

滅。所需要注意的是，什麼時候是出生，什麼時候算死亡。出生的時點在學說上有各種標準，分別為陣痛說、一部露出說、全部露出說、斷帶說、發聲說、獨立呼吸說。近代多數學說均採獨立呼吸說，認為只要胎兒完全產出且能獨立呼吸即取得權利能力，至於臍帶有無切斷、是否早產、有無畸型則並無影響。

　　至於死亡之時點，則隨著醫學的發達愈來愈有爭議。傳統的學說多以心跳停止、呼吸斷絕、瞳孔放大三項要件作為確定死亡的時候，但近年來各國學說漸漸改以腦波完全停止作為死亡的時點，此種腦波停止說雖然在醫學上還有爭議，但已為多數人所接受。

　　出生的時點和死亡的時點決定權利能力的取得及喪失，就具體的法律關係而言，可以決定下列各種關係的時點：繼承開始、遺囑生效、保險金請求權的產生、夫妻財產關係之變動、民事訴訟的承受等。

　　民法對於自然人權利能力的保護是不分本國人或者外國人，這就是民法總則施行法第2條之規定：「外國人於法令限制內，有權利能力。」對外國人權利能力的保護上所以要加上「法令限制內」的條件，是基於國家政策的考慮，例如，關於農林漁牧等地目的土地不得移轉、設定負擔或租賃於外國人（土§17），外國人原則上不能擁有漁業權（漁業§5）等。所以外國自然人和本國自然人原則上享有平等的權利能力，但外國人的權利能力會受到法令的部分限制。

第7條（胎兒之權利能力）
胎兒以將來非死產者為限，關於其個人利益之保護，視為既已出生。

解說

如果嚴格依照本法第6條的規定，從出生開始才享有權利能力，則胎兒就沒有權利能力。但胎兒終究要出生，如果對其利益不加以保護，會有不公平的現象。例如，遺腹子就變成沒有繼承權，遺腹子對於殺害其父親的人也沒有損害賠償請求權。因此對於胎兒的保護，除了刑法有墮胎罪保護胎兒不受傷害之外，民法上對胎兒的利益，也特別規定本條加以保護。

又本條對於胎兒的保護，必須以將來胎兒活產為條件，如果將來胎兒死產，那胎兒已取得的權利能力溯及消滅。例如，甲被A撞死，甲有妻子乙，乙並懷有胎兒丙，則乙和丙對A都可以請求精神賠償（民§194），但如果在丙還沒有出生前，乙和丙又遭遇車禍死亡，則A應付給乙的那一筆精神賠償金成為乙的遺產，但A應付給丙的那分精神賠償金則A可以請求返還。因為在這種情形，胎兒丙並未活產，從法律的觀點，就好像從來沒有這個胎兒存在，既然不曾存在，就不可能享有精神賠償請求權，因此必須返還該筆賠償。

如果胎兒出生後馬上死亡，則判斷其死產或活產的依據是通常將死亡胎兒的肺部浸在水中，如果有氣泡，表示曾經呼吸過，就是活產後才死亡，若以上述例子作說明，這種情形A就不能請求返還丙獲得的那分精神賠償金，丙得到的那分精神賠償金將成為丙的遺產。

第8條（死亡宣告之要件）
失蹤人失蹤滿七年後，法院得因利害關係人或檢察官之聲請，為死亡之宣告。
失蹤人為八十歲以上者，得於失蹤滿三年後，為死亡之宣告。
失蹤人為遭遇特別災難者，得於特別災難終了滿一年後，為死亡之宣告。

解說

當一個人失蹤後由於生死不明，其個人社會生活的法律關係即陷於不確定的狀態，不論身分上的法律關係如婚姻關係是否消滅、配偶能否再婚等或者財產上的法律關係如繼承或夫妻財產或保險金之請求等，均無法確定。如果任其長時間不確定，則對於利害關係人及社會秩序，都有不良影響。為解決此種困難，民法設有失蹤人財產管理及死亡宣告制度。前者是假設失蹤人尚有生還的可能，將失蹤人的財產交由管理人代為管理，以免失蹤人的財產散佚；後者則是在失蹤狀態存續已達一段時間後，宣告失蹤人死亡，藉以確定地終止其民法的相關關係。

本法第8條要求死亡宣告必須具備三個要件：(一)須失蹤；(二)須失蹤達一定時間；(三)須經利害關係人或檢察官的聲請。

所謂失蹤，係指失蹤人離開最後的住所或居所而生死不明。生死不明必須依常理判斷，到底是生存或死亡無法斷定才可以稱為失蹤，如果死亡可以確定，縱然未發現屍體，也應該

認為死亡，不必經死亡宣告。例如礦坑爆炸、飛機在空中爆炸，則已經可以直接認定為死亡，不必經過死亡宣告。

　　失蹤期間有三種：(一)普通期間七年；(二)80歲以上的失蹤人三年；(三)如果遭遇特別災難，依照該特別災難的具體狀況，生或死不能肯定時，則為一年。特別災難例如戰爭、大水災、暴風雪等。

　　除了檢察官外，利害關係人也可以聲請死亡宣告。利害關係人指法律上有利害關係的人，例如配偶、繼承人、法定代理人、債權人、人壽保險金受領人、國庫以及其他因失蹤人死亡而有身分上或財產上利害關係的人。

第9條（死亡時間之推定）
受死亡宣告者，以判決內所確定死亡之時，推定其為死亡。
前項死亡之時，應為前條各項所定期間最後日終止之時。但有反證者，不在此限。

解說

　　在法律上，「視為」和「推定」二者均是由法律規定賦予一個未確定的事實一個確定的效果，但「視為」不能夠以反證推翻，「推定」則可以以反證推翻。以死亡宣告而言，失蹤人到底生或死無人可以確定，但法律擬制地以死亡宣告制度賦予該失蹤人死亡的效果。死亡宣告也有「視為主義」和「推定主義」。以受死亡宣告領取死亡保險金而言，如果立法上採視為主義，則縱使在死亡宣告後有反證證明失蹤人尚生存，除非經

法院將死亡宣告撤銷，否則保險公司仍須給付保險金；但如果採推定主義，則一旦有反證證明失蹤人尚存活，即可推翻死亡宣告之推定，保險公司得拒絕給付保險金。

我國民法和德國民法一樣採取推定主義。

死亡宣告判決所宣告的死亡時點是第8條各項所定期間最後日終止之時。例如，80歲以上的人失蹤三年得為死亡宣告，假設81歲的甲在民國81年3月20日失蹤，應以民國84年3月20日下午12時推定為死亡之時（期間的計算方法參照本法第120條的說明）。

死亡宣告的效力只在於結束失蹤人以原住居所為中心的法律關係，且只有在私法上發生效力，並不生公法上的效果。因此失蹤人在原住居所雖被宣告為死亡，但失蹤人倘若在他鄉實際上尚存活時，失蹤人仍然可以在他事實上居住的他鄉為有效的法律行為，其如果犯罪仍須受處罰，並不會因死亡宣告而有影響。

失蹤人受死亡宣告後如果生還，在民事訴訟法中另外規定有撤銷死亡宣告之訴（民訴§§635～640），生還者可以將死亡宣告撤銷，回復其原來的生活關係。

第10條（失蹤人財產之管理）

失蹤人失蹤後，未受死亡宣告前，其財產之管理，除其他法律另有規定者外，依家事事件法之規定。

解說

失蹤人在未受死亡宣告前，在法律上仍推定為生存，此時

其財產須加以管理，在家事事件法第141條至第153條有關於失蹤人財產之管理的規定。

失蹤人的財產管理人依下列順序：(一)配偶；(二)父母；(三)成年子女；(四)與失蹤人同居之祖父母；(五)家長。如果不能依此順序選定時，法院得因利害關係人或檢察官之聲請選任財產管理人（家事§143），若管理人不能勝任，法院得改任之（家事§145）。管理人得受有報酬（家事§153），並應以善良管理人之注意保存財產（家事§151），其有作成財產目錄之義務（家事§148）及報告法院之義務（家事§149）。

第11條（同時死亡之推定）
二人以上同時遇難，不能證明其死亡之先後時，推定其為同時死亡。

解說

多人同時遇難時，死亡時期誰先誰後不易斷定，為了使法律關係簡單明確，我國民法採同時死亡主義。

死亡先後對繼承關係有重大影響，例如，甲之配偶已死，甲有兒子乙及女兒丙，乙有配偶丁。如果甲、乙同時遇難，因為丁對甲並無繼承權（民§1138），而甲、乙被推定為同時死亡，所以甲、乙之間互相不繼承遺產，因此甲的遺產由丙獨得。如果立法上不採同時死亡主義而是採年長者先死主義，則甲的遺產先由乙、丙繼承，丁又可繼承乙留下的那一分遺產，如此丁就可以間接分到甲的遺產，法國民法就有同時遇難時推定年長者先死的規定。

> **第12條**（成年）
> 滿十八歲為成年。

解說

　　成年制度和行為能力息息相關。所謂行為能力，是指能夠獨立地以自己的行為取得法律上效果的能力。例如，一個心神健全的成年人和他人簽訂契約，因為他具有行為能力，所以他可以獲得契約有效的法律效果；相反地，如果簽約的是一個6歲的孩童，因為孩童在民法上並無行為能力，所以無法取得契約有效的效果。

　　關於行為能力，立法例上有「二分主義」和「三分主義」。法國和日本民法採二分主義，區分為限制行為能力人和有行為能力人。德國民法及我國民法則採三分主義，區分為無行為能力人、限制行為能力人及有行為能力人。無行為能力人完全無行為能力，限制行為能力人的行為在某些條件之下才有效（民§§77～85），有行為能力人則有完全的行為能力。

　　行為能力和權利能力不同，前者是可以為有效的法律行為的能力，後者是可享受權利負擔義務的能力，只要是人則皆有權利能力。例如，未滿7歲的孩童，雖然沒有行為能力，但仍然有權利能力，因此七歲的孩童雖然沒有辦法簽約購地，但如果將土地登記給他，法律上並無問題，因為只要有權利能力，就可以擁有財產，但是要作財產交易，卻必須要有行為能力。

　　行為能力和意思能力也不相同，理論上，意思能力健全的人才能具有行為能力，但如果要一一去判斷有無意思能力，必定費時費事，因此本法規定只要是成年人而且精神上沒有障

礙，就推定其有意思能力，同時也是有行為能力人。但有行為能力人如果喪失意思能力，則其行為能力就喪失，不能夠為有效的法律行為。例如，成年人在酒醉昏迷不醒的情形下所簽的契約，因為酒醉時喪失意思能力，因此酒醉時簽定的契約在法律上並不生效力。

行為能力和侵權行為能力（責任能力）也不同。責任能力以有無識別能力（意思能力）為準，因此未成年人雖然不具備行為能力，但只要有識別能力，仍然具有責任能力，所以未成年人侵害他人的權利，仍然須負侵權行為的損害賠償責任（民§187）。

本法原以20歲為成年。但是民國110年1月13日總統令修正公布條文，並自112年1月1日起施行，修正為以滿18歲為成年。

修正為滿18歲為成年的立法理由，認為現今社會網路科技發達、大眾傳播媒體普及、資訊大量流通，青少年之身心發展及建構自我意識之能力已不同以往，如仍以滿20歲為成年，似已不符合社會當今現況；又世界多數國家就成年多定為18歲，宜下修為滿18歲為成年。

第13條（未成年人之行為能力）
未滿七歲之未成年人，無行為能力。
滿七歲以上之未成年人，有限制行為能力。

解說

為保護年幼無知的孩童，民法上規定未滿7歲的人為未成年人，其所為的任何法律行為均無效，以免其受騙上當誤簽契

約。不過在日常生活上如購買文件、搭乘公車、投遞郵件、打電話，如果均嚴格認定為均無效，也難免會有困擾。為解決這種困擾，在制度上如郵政法第12條及電信法第9條均規定無行為能力人或限制行為能力人使用電信及郵政的行為都被視作是有行為能力人；另外，在學說上亦有所謂「事實上契約關係」理論的出現，使諸如搭公車、使用自動販賣機等這些不注重當事人意思而只注重使用事實的行為均擬制為有效，所以法律上雖然規定7歲以下之兒童無行為能力，但事實上在某些情形下他仍然可能作出有效的法律行為。

滿7歲以上之未成年人為限制行為能力人，其所為的法律行為在某些條件下仍然是有效的（民§§77～85）。

因為民國110年1月13日總統令修正公布條文，第12條將成年年齡修正為18歲，以及修正條文第980條將男、女最低結婚年齡修正均為18歲後，已無未成年人因結婚取得行為能力之情形，因此本條第3項配合刪除有關未成年人已結婚而取得行為能力之規定。

第14條（宣告監護之要件）
對於因精神障礙或其他心智缺陷，致不能為意思表示或受意思表示，或不能辨識其意思表示之效果者，法院得因本人、配偶、四親等內之親屬、最近一年有同居事實之其他親屬、檢察官、主管機關、社會福利機構、輔助人、意定監護受任人或其他利害關係人之聲請，為監護之宣告。
受監護之原因消滅時，法院應依前項聲請權人之聲請，撤銷其宣告。

法院對於監護之聲請，認為未達第一項之程度者，得依第
十五條之一第一項規定，為輔助之宣告。
受監護之原因消滅，而仍有輔助之必要者，法院得依第
十五條之一第一項規定，變更為輔助之宣告。

解說

本條第1項於民國108年6月19日總統令修正公布，增加得
向法院聲請監護宣告之人。

對於有精神障礙或心智缺陷的人，因而不能為意思表示或
受意思表示，或不能辨識意思表示效果之能力的時候，法院得
依下列身分之人或機關、機構之一的聲請，對該有精神障礙或
心智缺陷的人為監護之宣告：

(一)本人。

(二)有精神障礙或心智缺陷的人的配偶。

(三)有精神障礙或心智缺陷的人的四親等內之親屬。

(四)最近一年與有精神障礙或心智缺陷的人有同居事實之
其他親屬。

(五)檢察官。

(六)主管機關。

(七)社會福利機構。

(八)輔助人。

(九)意定監護受任人。

(十)其他利害關係人。

受監護原因消滅的時候，也就是受監護人已經沒有精神障
礙或心智能力已經回復沒有缺陷，有辨識能力，可以自己為意

思表示或代受意思表示的時候，前述各身分之人或機關、機構之一，均得聲請法院撤銷監護宣告。

法院對於監護宣告之聲請，經調查證據之後，認為被聲請監護宣告之人的精神狀態或心智狀態，尚非全然無法為意思表示或代受意思表示，或者並非完全沒有辨識能力，法院得依第15條之1第1項規定，為輔助宣告。

受監護人精神障礙或心智能力已經回復，因而有聲請權人相法院聲請撤銷監護宣告，法院經調查證據，如果認為受監護人精神或心智能力雖有回復，但仍顯有不足之情況，法院得依第15條之1第1項規定，變更為輔助宣告。

第15條（監護宣告之效力）
受監護宣告之人，無行為能力。

解說

民法總則施行法第4條之1規定，民法規定之禁治產或禁治產人，自民法總則民國97年5月2日修正之條文施行後，一律改稱為監護或受監護宣告之人。因此第15條規定受監護宣告之人無行為能力。受監護宣告之人必須由其監護人代為及代受意思表示。

第15條之1（輔助宣告）
對於因精神障礙或其他心智缺陷，致其為意思表示或受意思表示，或辨識其意思表示效果之能力，顯有不足者，法

院得因本人、配偶、四親等內之親屬、最近一年有同居事
實之其他親屬、檢察官、主管機關或社會福利機構之聲
請，為輔助之宣告。

受輔助之原因消滅時，法院應依前項聲請權人之聲請，撤
銷其宣告。

受輔助宣告之人有受監護之必要者，法院得依第十四條第
一項規定，變更為監護之宣告。

解說

　　本條為民國97年5月23日總統令公布增訂條文，但是本條
增訂條文，依據民法總則施行法第4條之2規定，民國97年5月2
日修正之民法總則第14條至第15條之2之規定，自公布後一年
六個月施行。所以新增訂條文關於輔助宣告制度至民國98年11
月23日始開始施行。

　　精神障礙或其他心智缺陷的程度輕重不一，在原來的禁治
產宣告制度，一經宣告禁治產，禁治產人沒有行為能力，如尚
未達宣告禁治產的條件，則有完全的行為能力，但是對於精神
障礙或其他心智缺陷的程度輕微之人，或只是偶爾陷於能力不
足的情況的人，則可能因而欠缺保護，造成危機，因此增訂本
條輔助宣告制度。

　　對於有精神障礙或心智缺陷的人，因而單獨為意思表示或
受意思表示，或辨識意思表示效果之能力顯有不足的時候，法
院得依下列身分之人或機關、機構之一的聲請，對該有精神障
礙或心智缺陷的人為輔助之宣告：

　　(一)本人。

(二)有精神障礙或心智缺陷的人的配偶。

(三)有精神障礙或心智缺陷的人的四親等內之親屬。

(四)最近一年與有精神障礙或心智缺陷的人有同居事實之其他親屬。

(五)檢察官。

(六)主管機關。

(七)社會福利機構。

受輔助宣告原因消滅的時候,也就是受監護人已經沒有精神障礙或心智能力已經回復沒有缺陷,有辨識能力,可以自己為意思表示或代受意思表示的時候,前述各身分之人或機關、機構之一,均得聲請法院撤銷輔助宣告。

受輔助宣告之人之精神障礙或心智缺陷已經達到有受監護之必要的時候,法院得依第14條第1項規定,變更為監護之宣告。

第15條之2（輔助宣告的效力）

受輔助宣告之人為下列行為時,應經輔助人同意。但純獲法律上利益,或依其年齡及身分、日常生活所必需者,不在此限:

一、為獨資、合夥營業或為法人之負責人。

二、為消費借貸、消費寄託、保證、贈與或信託。

三、為訴訟行為。

四、為和解、調解、調處或簽訂仲裁契約。

五、為不動產、船舶、航空器、汽車或其他重要財產之處分、設定負擔、買賣、租賃或借貸。

六、為遺產分割、遺贈、拋棄繼承權或其他相關權利。

七、法院依前條聲請權人或輔助人之聲請，所指定之其他行為。

第七十八條至第八十三條規定，於未依前項規定得輔助人同意之情形，準用之。

第八十五條規定，於輔助人同意受輔助宣告之人為第一項第一款行為時，準用之。

第一項所列應經同意之行為，無損害受輔助宣告之人利益之虞，而輔助人仍不為同意時，受輔助宣告之人得逕行聲請法院許可後為之。

解說

本條為民國97年5月23日總統令公布增訂條文，但是本條增訂條文，依據民法總則施行法第4條之2規定，民國97年5月2日修正之民法總則第14條至第15條之2之規定，自公布後一年六個月施行。所以新增訂條文關於輔助宣告制度至民國98年11月23日始開始施行。

受輔助宣告人就如同限制行為能力人般，對於特定之行為，必須得到輔助人的同意。但純獲法律上利益，或依其年齡及身分、日常生活所必需者，則不必得到輔助人的同意。

受輔助宣告人所為行為需得到輔助人的同意的情形如下：

(一)為獨資、合夥營業或為法人之負責人：擔任獨資、合夥營業或為法人之負責人，在法律上必須負擔極大之責任，受輔助宣告人若要擔任獨資、合夥營業或為法人之負責人，自需獲得輔助人的同意，以免擅自為之，或可能是受他人利用；或

可能是自己之輕率行為，以至於造成財產上問題。

(二)為消費借貸、消費寄託、保證、贈與或信託：消費借貸、消費寄託、保證、贈與或信託均會造成權利之得喪變更，應謹慎為之，受輔助宣告人之辨識能力既已不足，自需獲得輔助人的同意，以免擅自為之，或可能是受他人利用；或可能是自己之輕率行為，以至於造成財產上問題。

(三)為訴訟行為：訴訟行為是高難度之法律行為，起訴或者應訴，自需獲得輔助人的同意。

(四)為和解、調解、調處或簽訂仲裁契約：和解、調解、調處或簽訂仲裁契約，均可能涉及權利的讓步，自需獲得輔助人的同意，以免擅自為之，或可能是受他人利用；或可能是自己之輕率行為，以至於造成財產上問題。

(五)為不動產、船舶、航空器、汽車或其他重要財產之處分、設定負擔、買賣、租賃或借貸：不動產、船舶、航空器、汽車或其他重要財產均屬價格昂貴之財產，如果要對上述財產設定負擔、買賣、租賃或借貸，權利義務關係均須慎重，自需獲得輔助人的同意。

(六)為遺產分割、遺贈、拋棄繼承權或其他相關權利：遺產分割、遺贈、拋棄繼承權或其他相關權利，對於受輔助宣告人而言，涉及財產權利的重大變動，自需獲得輔助人的同意。

(七)法院依前條聲請權人或輔助人之聲請，所指定之其他行為：受輔助宣告人之辨識能力不足之情形，可能因人而異，有聲請輔助宣告權之人或輔助人也可聲請法院指定之其他特定行為，在受輔助宣告人為該特定行為時，應得到輔助人之同意。

本條第1項第1款至第7款所列的各行為，如果沒有得到輔

助人之同意而為，法律效果準用民法第78條至第83條規定，茲說明如下：

(一)未得輔助人之允許，所為之單獨行為，無效，準用民法第78條規定。

(二)未得輔助人之允許，所訂立之契約，須經輔助人之承認，始生效力，準用民法第79條規定。

(三)未得輔助人之允許，所訂立之契約，該契約相對人，得定一個月以上期限，催告輔助人，確答是否承認。如於該期限內，輔助人不為確答者，視為拒絕承認，準用民法第80條規定。

(四)受輔助宣告人於受輔助原因消滅後，承認其所訂立之契約者，其承認與輔助人之承認，有同一效力，該契約相對人，於受輔助原因消滅後，得定一個月以上期限，催告受輔助宣告人確答是否承認。如於該期限內，受輔助宣告人不為確答者，視為拒絕承認，準用民法第81條規定。

(五)受輔助宣告人所訂立之契約，未經輔助人承認前，相對人得撤回之。但訂立契約時，知其未得有輔助人允許者，不在此限，準用民法第82條規定。

(六)受輔助宣告人用詐術使人相信其為有行為能力人或已得輔助人之允許者，其法律行為為有效，準用民法第83條規定。

輔助人同意受輔助宣告之人為本條第1項第1款行為時，也就是輔助人同意受輔助宣告之人擔任獨資、合夥營業或為法人之負責人的時候，準用民法第85條規定，受輔助宣告之人，關於其營業，有行為能力，但是受輔助宣告之人，就其營業有不勝任之情形時，輔助人得將其允許撤銷或限制之，惟不得對抗

善意第三人。

　　第1項所列應經同意之行為，無損害受輔助宣告之人利益之虞，而輔助人仍不為同意時，受輔助宣告之人得直接聲請法院許可後為之。

第16條（私權之保護）
權利能力及行為能力，不得拋棄。

解說

　　權利能力及行為能力是自然人在社會生活從事活動的基本條件，對於自然人維持其人格，發展其個性，甚為重要，同時對社會的文化經濟活動的開展，亦有密切的關係，為保障個人人格的獨立自主，並為保護社會的公益，故本法規定權利能力及行為能力，不得任意拋棄。縱使有聲明拋棄者，其拋棄亦為無效。

第17條（自由之保護）
自由不得拋棄。
自由之限制，以不背於公共秩序或善良風俗者為限。

解說

　　自由是自然人獨立發展人格，從事各項社會活動的基礎，如果自由得任意拋棄，將使該人成為奴隸的狀態，則不只個人人格權受損，亦必然會影響其社會活動，其結果社會公益

亦將因而受影響，因此民法規定自由不得任意拋棄。

自由雖不能拋棄，但可適當地加以限制。(一)就法律而言，自然人原則上享有各種自由權，僅例外的人在有憲法第23條所規定的情形時，法律得限制人民的自由；(二)就當事人自行約束而言，可分為二部分：關於精神利益上的自由，例如自由信仰、感情生活、集會結社等自由，原則上不能加以限制，例如不能約定不結婚，不改變宗教信仰、不加入某某政黨等；至於有關經濟利益上的自由，只要其自由的限制必要而且合理，則其對自由的限制為有效，例如，約定員工在一定期間內不得離職，或約定員工在離職後一段時間內不得從事與雇主具有競爭性的工作等。

第18條（人格權之保護）
人格權受侵害時，得請求法院除去其侵害；有受侵害之虞時，得請求防止之。
前項情形，以法律有特別規定者為限，得請求損害賠償或慰撫金。

解說

民法上的權利如果以有無財產價值來區分，可分為財產權和非財產權。財產權可分為債權、物權、準物權及無體財產權，而非財產權又可分為人格權及身分權。人格權係存在於權利人自身人格上的權利，例如生命權、身體權、自由權、名譽權、姓名權、健康權、信用權、隱私權、肖像權等；身分權則係基於一定身分關係而產生的權利，例如配偶權、家長權等。

在財產權方面，民法債編係針對債權的規定，民法物權編則係對物權的規定，至於準物權（礦業權、漁業權等）及無體財產權（著作權、專利權、商標權等）則散見於各個民事特別法；而非財產權方面，民法親屬編及繼承編是關於身分權的規定，而總則編中則對於人格權設有保護的概括規定。

傳統上的民法較為注重財產權而忽略人格權，至近世民法才比較注重人格權的保護，只是對人格權的保護條文寥寥可數，不似財產權的保護的條文般完備。

民法上對人格權的保護可分為兩方面：一方面承認普遍性的「一般人格權」，認為所有的人格權均受到保護不容侵犯，如果有侵犯，得請求排除其侵害，如果有受侵犯的可能時，也可以請求防止其侵害；另一方面，只有限定在某些法律所特別明文規定的「特別人格權」遭受侵害時，才可以請求損害賠償。

例如，甲未經乙同意，擅自拍攝乙的照片，則甲侵害了乙的肖像權，乙自可請求排除其侵害，但因肖像權並非有明文規定可以請求損害賠償的特別人格權，所以乙並不能對甲請求損害賠償。相反地，例如，丙侵害了丁的自由，因為自由權是有明文規定可以請求賠償的特別人格權（民§195），所以丁除了可以請求排除丙對其自由的侵害之外，還可以請求損害賠償。

第19條（姓名權之保護）
姓名權受侵害者，得請求法院除去其侵害，並得請求損害賠償。

解說

姓名權的侵害有兩種：(一)冒用他人姓名，例如，冒用名演員之名藉以招徠商機；(二)不當使用他人姓名，例如，以仇人的姓名當作貓狗的名字而時時呼喚之。

姓名權所保護的也不只是本名，其他如藝名、別名、筆名、字、號均受到相同的保護。

一旦姓名權受侵害，除了可以請求排除其侵害之外，也可以請求損害賠償。

第20條（住所之設定）
依一定事實，足認以久住之意思，住於一定之地域者，即為設定其住所於該地。
一人同時不得有兩住所。

解說

人是權利義務的主體，在從事各種法律活動時，必須有一個法律生活的中心地域作為決定各種法律關係的準據，這個法律關係的準據點就是住所。

在私法中，以住所來決定法律關係的主要有：(一)決定失蹤的標準（民§8）；(二)決定債務清償地的標準（民§314②）；(三)決定行使或保全票據上權利所應為的處所（票§20）；(四)決定民刑事訴訟案件、少年保護事件、和解及破產事件、船舶碰撞事件的管轄法院的標準（民訴§§1Ⅰ、568、583、589、592、597、620、626，刑訴§5Ⅰ，少§14，破§2，海§101①）；(五)決定訴訟書狀送

達的標準（民訴§136，刑訴§55）；(六)決定國際私法準據
法的標準（涉外§§3、4、11、12、20、27、28）；(七)歸化
及回復國籍的要件（國籍§§3、4、5、15）。

　　住所設定的要件有二，在主觀上必須要有久住該地的意
思，在客觀上必須有久住的事實。例如，甲久住臺中市，雖然
其中曾經因為旅遊、就學、就業、服兵役而有一大半時間旅居
在外，但只要甲認定臺中市是他久居的地方，而且其確有久居
該地的事實，則臺中市仍然是他的住所。相反地，若甲因犯重
罪長期居住在監獄中，但不可因此認為甲有久居監獄的意思，
監獄並非他的住所。

　　住所和戶籍所在地二者的概念並不相同。住所是民法上
的概念，以實際上有久住的意思及久住的事實為要件，並不需
要登記，而戶籍所在地則是依戶籍法的規定而來，以登記為要
件。住所和戶籍所在地大部分的情形下是一致的，法院和行政
機關在調查「住所」到底在哪裡時，通常亦以戶籍所在地為認
定標準。不過兩者仍有不相同的情形，例如，某人長期居住在
新北市永和區，但為了選舉或子女就學的關係將戶籍遷至臺北
市大安區朋友家中，這時候戶籍雖在臺北市大安區，但認定住
所所在時，仍然應認定住所是新北市永和區的實際上居住地
點。

　　住所和居所的概念也不相同，住所必須要有久住的意
思，但居所則不須要久住的意思，例如在外工作、求學、因患
病而住院、因判刑而入監、因經商而客居他鄉，因為皆無久住
的意思，所以只能認為是設定居所於該地而已。一個人只能有
一個住所，但可以有數個居所。居所的主要功能是用來代替住
所（民§§22、23）。

第21條（法定住所）
無行為能力人及限制行為能力人，以其法定代理人之住所
為住所。

解說

　　住所可分為意定住所和法定住所。意定住所是依當事人
的意思決定其住所，法定住所則是由法律就當事人的住所加以
作擬制性規定，本條就是關於決定住所之規定。無行為能力人
沒有意思能力，限制行為能力人的意思能力並不完全，二者都
無法自己決定住所的所在，而他們的法律行為又通常需要法定
代理人加以補充，所以本法規定無行為能力人及限制行為能力
人以法定代理人的住所為住所。如果未成年人沒有法定代理人
時，則以自己的居所為住所（20年院字第474號解釋）。

第22條（擬制住所）
遇有下列情形之一者，其居所視為住所：
一、住所無可考者。
二、在我國無住所者。但依法須依住所地法者，不在此
　　限。

解說

　　本條第1項第2款於民國97年5月23日公布修正，原條文為
「在中國無住所者……」修正為「在我國無住所者……」，以
杜絕兩岸爭議，並與現實相符。

居所的功能主要在代替住所，例如，民事訴訟法第1條第1項前段、第2項前段：「訴訟，由被告住所地之法院管轄。被告住所地之法院不能行使職權者，由其居所地之法院管轄。」「被告在中華民國現無住所或住所不明者，以其在中華民國之居所，視為其住所。」所以住所和居所也時常並列，例如，刑事訴訟法第5條第1項：「案件由犯罪地或被告之住所、居所或所在地之法院管轄。」

本條則規定在二種情形下，居所被擬制作為住所：(一)住所無可考者：這種情形是指無法判斷一個人住所的所在，不只在中國沒有住所，就連在外國也找不到他的住所（如果在國外有住所，則應適用下一種情形），這時就以居住視為住所；(二)在我國無住所者：如果一個人另在國外有住所，在我國沒有住所，則對於在我國境內所發生的法律關係處理上一定倍感困擾，所以本法便以其在我國境內的居所視為住所。

不過在第二種情形，如果法律有規定應依其住所地法者，例如，涉外民事法律適用法第4條：「依本法應適用當事人之住所地法，而當事人有多數住所時，適用其關係最切之住所地法。當事人住所不明時，適用其居所地法。當事人有多數居所時，適用其關係最切之居所地法；居所不明者，適用現在地法。」這時就必須去找尋該當事人在國外真正的住所所在，而不能依本條之規定將我國境內的居所視為住所。

第23條（選定居所）
因特定行為選定居所者，關於其行為，視為住所。

解說

　　因為住所只能有一個，如果每一個法律行為都要去住所地處理，有時候反而不便。例如，依本法第314條，清償地無法決定時，以債權人的住所地為清償地，如果某人住所設立在屏東，但時常在臺北經商，這時如果每一筆在臺北發生的商業款項都要去屏東清償，將不勝其擾，這時便可以依本條的規定，就商業上的特定行為選定臺北為居所時，則臺北就成為住所，可以在臺北清償債務，以增加法律行為當事人的便利。

　　本條的情形和前條的規定有兩點不同：(一)前條是由法律加以擬制，不問當事人的意思。本條則須當事人有「選定」的意思；(二)前條居所視為住所的規定，對一切的法律行為均一體適用（除了該條第2款但書的情形），但本條視為住所的規定，只對於該選定的特定行為有效。

第24條（住所之廢止）
依一定事實，足認以廢止之意思離去其住所者，即為廢止其住所。

解說

　　和住所的設定類似，住所的廢止在主觀上必須有廢止的意思，在客觀上必須有離去住所的行為。

　　至於廢止舊住所後是否必須設定新住所，則法律並無規定。理論上，廢止舊住所後並不一定要設定新住所，但此時將成為沒有住所的人，而變成要以居所代替住所。

第二節 法 人

第一款 通 則

法人係自然人以外，由法律所創設，得為權利義務主體的團體。自然人得為權利主體已如前述，但社會活動中，常常有需要藉團體之力量以發揮集體之功能者，此時若不賦與該團體法律上的人格，將無法解決問題。例如，有五個人共同集資500萬創辦育幼院，如果育幼院本身沒有法律人的人格，則不能以育幼院名義擁有財產，那這500萬還是屬於五個人名下所有，如果要從事任何活動，必須要這五個人共同同意，但若五個人之中有人死亡、破產，則這500萬元的資產也要跟著辦理繼承、破產。如此將不勝其擾，因此法律上就設計出法人的制度，使法人團體具有法律上的人格，本身可以擁有財產，可以有意思能力，當然也可以以法人名義和他人從事法律活動。

法人有公法人和私法人之分。公法人是指國家及各級地方自治團體等可以行使公權力的法人團體，私法人則是依私法的規定組織而成的法人團體。公法人和私法人的區別實益在於：(一)訴訟管轄：和公法人間的訴訟是依循訴願、再訴願、行政訴訟程序是由行政法院管理；和私法人間的訴訟則由普通法院管轄；(二)對公法人可以依國家賠償法請求損害賠償，對私法人則只能依本法損害賠償的規定請求；(三)公法人的職員是公務員，其所製作的文書是公文書，其也可能成立刑法上的公務員瀆職罪；至於私法人的職員所製作的文書是私文書，也不可能成立公務員瀆職罪。民法上的法人是指私法人。

就私法人而言，可區分為社團法人和財團法人。社團法人

是由人（社員）所組成，財團法人則是由財產所組成，民法關於社團法人及財團法人分別有詳盡的規定。

私法人從其是否營利也可以區分為公益法人、營利法人、中間社團。公益法人係以公益為目的，營利法人則以營利為目的，中間社團則如同鄉會、宗親會等，既非公益也非以營利為目的。民法上社團法人可以有不同的目的，所以可以有公益性，也可以是營利性及中間性質，但財團法人則必須以公益為目的，所以財團法人只有公益法人。

第25條（法人成立之準則）
法人非依本法或其他法律之規定，不得成立。

解說

各國制度對於法人的成立所採取的態度，大致可分為下列幾種主義：(一)放任主義：允許法人自由成立，不要求一定的條件，也不要求一定的程序；(二)特許主義：即不許法人自由成立，一定要有立法機關的立法或行政機關的命令，該法人才能成立；(三)許可主義：即法人的成立必須經過行政機關的核准；(四)準則主義：即法人的成立不必經過核准，只要具備一定的條件即可自由成立；(五)強制主義：即國家對於某些法人的成立係強制其成立，不問人民是否願意組織該團體，一律要求其成立。

本法規定法人之成立一定要依本法及其他法律之規定，才可以成立，而所謂其他法律，則散見於我國現行各個法律之中，而依法人性質的不同，有各個不同的成立主義。

(一)放任主義為我國立法例所不採,故我國並無依放任主義成立之法人。

(二)採立法特許主義者:例如,中央銀行的成立係依據中央銀行法。

(三)採行政許可主義者:對於財團、以公益為目的的社團以及一般人民團體(包括職業團體、社會團體、政治團體),必須經過行政機關的許可才可以成立,例如,人民團體法中的各種團體,必須經過許可才可成立。

(四)採準則主義者:對於營利社團則採準則主義,只要符合一定的要件,即可成立,例如公司法中的公司,只要符合準則的規定,隨時可以設立。

(五)採強制主義者:由國家強制設立的法人例如各職業團體,如律師公會、會計師公會、技師公會、工商業同業公會等,這類團體不想設立都不行,而且一定要設立。

第26條（法人之權利能力）
法人於法令限制內,有享受權利負擔義務之能力。但專屬於自然人之權利義務,不在此限。

解說

自然人的權利能力始於出生,終於死亡,法人的權利能力自成立時發生,於解散後清算終結時消滅。

基本上,法人的權利能力和自然人一樣,但是受到兩種限制,一種是法令上的限制,一種是性質上的限制。

就法令上的限制而言,例如公司法第13條第1項:「公司

不得為他公司無限責任股東或合夥事業之合夥人。」因此公司組織的法人並沒有擔任無限責任股東或合夥事業合夥人的權利能力。

就性質上而言，法人並沒有肉體，也沒有親屬，因此以自然人生理為基礎的人格權，例如生命權、身體權、健康權、肖像權、自由權、貞操權等，法人無法享有，不過其他如名譽權、姓名權等人格權，因為不以生理的存在為必要，法人仍可享有；而在身分權，因為必須以親屬關係為基礎，例如家長權、配偶權、繼承權、扶養請求權等，因此法人並不能享有。

至於行為能力方面，在自然人有分行為能力人、限制行為能力人及無行為能力人，但法人則無此分別。只要是在法人的權利能力範圍內，法人均有行為能力。

第27條（法人之機關）
法人應設董事。董事有數人者，法人事務之執行，除章程另有規定外，取決於全體董事過半數之同意。
董事就法人一切事務，對外代表法人。董事有數人者，除章程另有規定外，各董事均得代表法人。
對於董事代表權所加之限制，不得對抗善意第三人。
法人得設監察人，監察法人事務之執行。監察人有數人者，除章程另有規定外，各監察人均得單獨行使監察權。

解說

如前所述，法人是法律上創造出來的「人」，是無影無形的。因為沒有生理上的形體，因此更談不上有頭腦來作決策，

而法人具有權利能力及行為能力，且實際在社會上有從事交易，發生法律行為，這些交易和法律行為便須透過自然人來完成。而這些替法人形成意思、執行決策的自然人，便是董事。

本法規定法人必須設有董事，對內而言，董事擔任執行事務的工作，對外而言，董事代表法人。因為如前所述，法人必須由自然人代替其決策，但法人內部的社員及工作人員極多，到底是以誰的意思當作是法人的意思必須有所遵循，因此就設置董事，以董事的意思定作為法人的意思決定。

法人的董事究竟設置幾人，本法並無規定，但其他特別法中則有限制，例如，有限公司董事最多三人（公§108），股份有限公司董事最少三人（公§192）。如果法律沒有特別限制，法人的董事人數依法人章程的規定。

法人董事如果有數人時，最好以章程規定代表法人董事以及執行法人事務的董事，如果章程沒有規定，則依本條文的規定，每一位董事對外均可代表法人，而法人日常的事務則取決於董事過半數的決定。一般而言，法人的章程中均規定有董事長以代表法人並執行日常的事務。

如果章程沒有特別規定，就日常事務，董事有完全的執行權，對外董事也有完全的代表權限。不過法人可以在章程中對於董事的代表權限作限制，依本條之規定，這種權限的限制不能夠對抗不知情的善意第三人，藉以保護交易的安全。

至於監察人，並不是法人必要的機關（因為只要有董事代為決定法人的意思法人便可以運作，其他機關及職位並不是必要的），但現今法人幾乎都有監察人的設置，用以監察法人事務的執行。監察人和董事不一樣，董事執行職務時，原則上採合議制，因此採過半數的決議方式；而監察人則採單獨執行

制，原則上每一個人都可行使監察的職務。不過章程中亦可規定監察人採合議制，或者在眾監察人中推舉一人為常駐監察人，由其代表其他監察人執行職務。

第28條（法人之侵權能力）
法人對於其董事或其他有代表權之人因執行職務所加於他人之損害，與該行為人連帶負賠償之責任。

解說

　　法人的董事所為的行為就是法人的行為，因此法人的董事在執行職務時如果有侵害他人權利的行為時，被認為是法人的侵權行為，此時法人自然要負侵權行為的賠償費任。又因為實際上從事侵權行為的是該董事，因此本法規定該董事也須負連帶賠償責任。

　　除了董事以外，其他有代表權的人在執行職務時如有侵權行為以至於對他人造成損害，法人和該有代表權的人須連帶負責。所謂有代表權的人例如清算人（民§§37、38）、代表法人的監察人（民§51Ⅰ）等。

　　如果不是董事或有代表權的人，而是一般受僱人在執行職務所加於他人的損害，則法人可依本法第188條負僱用人的連帶責任，而不是依本條負責。本條和第188條的差別在於本條是法人本身的責任（因為董事的行為視為法人本身的行為），因此法人在賠償受害人之後不能向董事或有代表權的人求償，但法人依本法第188條賠償時，可以向實際造成損害的受僱人（法人的職員）求償。

第29條（法人之住所）
法人以其主事務所之所在地為住所。

解說

　　和自然人一樣，法人必須有一個法律關係的中心地點，所以法人也有住所。如果法人僅有一個事務所，則以該事務所為住所，如果有數個事務所，則以主事務所的所在地為住所。主事務所是指法人主要事務之處理地點，通常是最先設立的首腦部門。主事務所及分事務所，均為法人設立時應登記之事項（民§§48Ⅰ③、61Ⅰ③）。在住所的法律作用上，法人的住所和自然人的住所有相同的功能，但性質上只有自然人才具有的法律關係，例如失蹤、歸化等以住所決定其法律效果的事項，則法人的住所並無此功能。

第30條（法人之設立登記）
法人非經向主管機關登記，不得成立。

解說

　　法人的人格是由法律創造出來的，其人格也是由法律所賦予，和自然人係自然存在的情形並不相同。自然人的權利能力始於出生，不過自然人是有形體的，是可以看得見的，但是法人是無影無形，因此必須以登記的方式來作為法人成立的基準點，藉以判別法人何時開始具有人格並享有權利能力。

　　法人登記的主管機關是該法人事務所所在地的法院（民總

施§10），而登記的程序則依照非訟事件法第82條至第100條的規定。

此外，本國法人依照我國本法及相關法規之登記程序而取得人格，而外國法人雖然已經在其本國取得法人人格，但在我國並不當然就具有人格，這一點和外國自然人於法令限制範圍內賦予平等保護的情形並不相同（民總施§2）。外國法人必須經過「認許」的程序才能在我國取得法律上人格，而外國法人的認許，除依法律規定外，不認許其成立（民總施§§11、12），如果外國法人的目的或行為有違反法律、公共秩序或善良風俗者，法院得撤銷其認許（民總施§14）。如果某外國法人尚未經認許，卻以其名義與他人從事法律行為，則該行為人就該法律行為應該與該外國法人負連帶責任（民總施§15）。

在實務運用上，例如，同樣以公司名義和他人簽約，如果公司是已登記的本國公司，則該契約上的權利義務是由公司負責，實際從事簽約的自然人並不須負契約上的責任；但如果是利用未經認許的外國公司名義和他人簽約，則實際從事簽約的自然人必須與該外國公司連帶負契約上的責任。

第31條（法人登記之效力）
法人登記後，有應登記之事項而不登記，或已登記之事項有變更而不為變更之登記者，不得以其事項對抗第三人。

解說

在本法第48條及第61條分別規定了社團法人及財團法人設立時應行登記的事項，該些事項如果有變更時，亦應隨時為變

更之登記，否則不得對抗第三人。

　　例如，法人的董事長原來是張三，董事會於4月1日改選李四為董事長，此時法人應立即辦理董事長的變更登記。如果遲至5月1日才辦理變更登記，則在4月1日至4月30日之間，法人以外的任何第三人可以主張張三仍然是法人的董事長。此時如果張三代表法人和第三人簽約，法人仍然必須負契約上的責任，不可以以董事會已經改選為理由作為對抗。

第32條（公益法人業務之監督）

受設立許可之法人，其業務屬於主管機關監督，主管機關得檢查其財產狀況及其有無違反許可條件與其他法律之規定。

解說

　　法人之成立有必須經許可者，有不須經許可者，前者如公益性之社團法人及財團法人，後者如營利性的社團法人。本條規定經許可設立的法人，其業務必須受主管機關的監督。

　　所謂主管機關，則依法人的性質而有不同，例如，文化事業屬於教育部主管，慈善事業屬於內政部主管。

　　至於主管機關監督權的行使主要在三方面：(一)檢查法人的財產狀況，以瞭解有無弊端；(二)檢查有無違反許可條件，以決定是否依本法第34條之規定撤銷許可；(三)檢查有無其他違反法律的情事，以決定是否依本法第36條之規定聲請法院解散該法人。

第33條（妨礙監督之處罰）

受設立許可法人之董事或監察人，不遵主管機關監督之命令，或妨礙其檢查者，得處以五千元以下之罰鍰。

前項董事或監察人違反法令或章程，足以危害公益或法人之利益者，主管機關得請求法院解除其職務，並為其他必要之處置。

解說

主管機關對於法人既然有監督權，如果法人不遵守主管機關之監督，必須有處罰之規定以樹立法令及行政機關之威信，這就是本條之立法目的。

本條第1項和第2項的處罰規定，其行政之程序和條件均有不同。

(一)在行使程序上，第1項的罰鍰規定是屬於行政罰（和刑法上的罰金屬於刑事罰不同），主管機關可以自行為之，不須經過其他機關允許；而第2項解除董事或監察人職務的處罰，則主管機關不得自行為之，必須要請求法院解除。

(二)在行使的條件上，第1項的罰鍰只要是不遵照主管機關的監督命令或妨礙其檢查，即可加以處罰；但第2項解除職務的處罰必須董事或監察人違反法令或章程，且其違反之行為已嚴重到危害公益或法人的利益時，才可以為之。

第34條（許可之撤銷）

法人違反設立許可之條件者，主管機關得撤銷其許可。

解說

　　公益性社團法人和財團法人之設立，必須符合主管機關所規定之條件並取得其許可，如果法人已經違反設立許可之條件，自然應該將其許可撤銷。許可撤銷之後，法人已經失去其存續之依據，所以許可之撤銷也是法人解散的原因之一。

第35條（法人之破產及董事之責任）
法人之財產不能清償債務時，董事應即向法院聲請破產。
不為前項聲請，致法人之債權人受損害時，有過失之董事，應負賠償責任，其有二人以上時，應連帶負責。

解說

　　依破產法之規定，債務人不能清償債務是構成破產之原因（破§1），法人之財產不能清償債務時，當然也要聲請破產。董事是法人的代表機關，且日常職務均由董事執行，究竟有無破產原因，董事最為清楚，因此董事負有聲請破產之責任。

　　如果董事不為破產之聲請，以至於債權人的權益受損，例如，法人的財產因為董事沒有聲請破產而繼續散逸，以至於債權人無法獲得原本可以獲得的較多的清償，此時債權人遭受的損失可以向董事請求賠償。如果有過失的董事有二人以上時，應連帶賠償。

第36條（法人宣告解散之原因）
法人之目的或其行為，有違反法律、公共秩序或善良風俗者，法院得因主管機關、檢察官或利害關係人之請求，宣告解散。

解說

　　法人之目的或行為如果違反了法律或者公序良俗，自然不應再任其存續，本條規定在這些情形下，法院得宣告解散法人。

　　不過法人的目的是設立登記的事項之一，如果目的違法，根本就不可能成立，就無所謂宣告解散，因此本條所謂的目的違法或違反公序良俗，指的應該是設立後才發生的情形，其可能的情形不外：(一)設立後因為法律或社會觀念的變更，使得原本合法的目的變成不合法；(二)法人設立登記時，隱藏了真正的目的，以虛偽的目的聲請登記，嗣後被發覺其真正目的違反法律或公序良俗。

　　法院依本條宣告解散時，並不可主動依職權為之，而係在經過聲請後才能宣告解散。有權聲請宣告解散的機關包括主管機關、檢察官以及其他利害關係人。

第37條（法定清算人）
法人解散後，其財產之清算，由董事為之。但其章程有特別規定，或總會另有決議者，不在此限。

解說

　　自然人死亡後，其財產由繼承人繼承，而法人解散後，並無人繼承其財產，因此必須經過清算程序對財產加以結算並對現有事務作一了結，以便使法人的現有法律關係能夠清理完畢，法人人格才能完全消滅。

　　清算人係執行法人清算職務的自然人，原則上法人的清算人由董事擔任，因為董事平日執行法人業務，對於法人的狀況最為瞭解，由其擔任清算人，自然最為恰當。

　　不過在本條但書中另有規定，如果法人的章程對於清算人由何人擔任另有特別規定時，董事以外的人也可以擔任清算人。

　　此外，如果社員總會有特別的決議，也可能由董事以外的人擔任清算人。不過須注意的是，總會只有在社團法人中才存在，財團法人中並無所謂總會的組織，因此本條但書由總會決議選任清算人的規定只有在社團法人中才有適用，財團法人並不適用。

第38條（選任清算人）
不能依前條規定，定其清算人時，法院得因主管機關、檢察官或利害關係人之聲請，或依職權，選任清算人。

解說

　　依前條之規定，清算人原則上是董事，除非法人章程有另外規定或總會另有決議。但如果董事因故無法就任（例如死亡），而法人章程又未有特別規定，總會又未有決議，此時自

應有補救之道，本條即規定在這種情形下，由法院選任清算人。

　　和第36條的情形不同，在第36條必須經過有聲請權人的聲請，法院才能宣告法人解散。在本條的情形，除了經過主管機關、檢察官或利害關係人的聲請之外，法院也可以主動依職權選任清算人，不一定非得有人聲請不可。

第39條（清算人之解任）
清算人，法院認為有必要時，得解除其任務。

解說

　　如果法院認為清算人不能妥當地行使清算人的職務或其他法院認為有必要之情形，均得隨時解除清算人的職務。此時不管清算人是由董事擔任，或是由章程規定，或是由總會決議，或是由法院選任的，法院均得解除其職務。

第40條（清算人之職務及法人存續之擬制）
清算人之職務如左：
一、了結現務。
二、收取債權，清償債務。
三、移交賸餘財產於應得者。
法人至清算終結止，在清算之必要範圍內，視為存續。

解說

清算程序的目的是使法人人格歸於消滅，在消滅之前，當然需要對於現有事務及財產作一清理，清算人之職務因此有：(一)了結現務：對於現已著手開始而尚未結束的事務作一了結；(二)收取債權，清償債務：債權已屆清償期者，應予收取；未屆清償期者，或者轉讓，或者換價，或者劃入賸餘財產。對於債務，已屆清償期者應立即清償，未屆清償期者，或提前清償，或辦理提存；(三)移交賸餘財產：對於現有事務及財產作一清理後，如還有賸餘的財產，必須移交給應得之人。何人為應得之人則依本法第44條之規定。

在上述三個任務完成之後，法人的清算程序結束，人格歸於消滅，但在清算未終結前，法人仍然有必要與其他人為法律行為，例如，對於未到期的債權和債務人作折價清償的協議，因此法人人格在清算終結前不宜消滅。不過既然已進入清算程序，如果對法人的人格無所限制，則法人所為的行為可能會超出清算的範圍，例如，又和他人簽訂新約合約，則法人的事務將會演變愈多，會增加清算程序的困難度。所以本條第2項規定法人至清算終結為止，在清算的必要範圍內，法人人格視為存續。

第41條（清算之程序）
清算之程序，除本通則有規定外，準用股份有限公司清算之規定。

解說

在公司法股份有限公司章節中第322條至第356條（其中有部分準用無限公司章節清算之規定），對於公司清算之程序，例如清算人之陳報、清算人之權利義務、清算表冊之造報、債權清償之方式、清算之終結程序，均有詳細的規定。公司也是法人的一種，清算程序實大同小異。因此本條逕為準用公司法之規定，而不對清算程序重複作詳細的規定。

第42條（清算之監督）
法人之清算，屬於法院監督。法院得隨時為監督上必要之檢查及處分。
法人經主管機關撤銷許可或命令解散者，主管機關應同時通知法院。
法人經依章程規定或總會決議解散者，董事應於十五日內報告法院。

解說

法人在解散前的運作，依本法第32條之規定係屬於主管機關監督，而法人解散後的清算程序，因為監督繁雜，關係重大，使其受法院之監督自然較有保障。法院監督清算時，除了作必要之檢查之外，並可作必要的處分，以防止清算人有任何不軌之行為。

為了讓法院能知道法人已經進入清算程序以便行使監督權，本條規定如果法人是經主管機關撤銷許可或命令解散，主管機關應同時通知法院；如果法人是依照章程或總會決議而解

散，則董事應在十五天內報告法院該法人已經解散。

第43條（妨礙法院監督之處罰）
清算人不遵法院監督命令，或妨礙檢查者，得處以五千元以下之罰鍰。董事違反前條第三項之規定者亦同。

解說

　　既然前條規定法院對於清算中的法人有監督權，若法人不遵守監督，自應有處罰的規定，以制裁不遵守監督的法人。而依前條第3項之規定，法人的董事應該在解散後十五天內將解散的事由報告法院，若董事沒有遵守該項規定，也要依本條規定處罰。

第44條（法人賸餘財產之歸屬）
法人解散後，除法律另有規定外，於清償債務後，其賸餘財產之歸屬，應依其章程之規定，或總會之決議。但以公益為目的之法人解散時，其賸餘財產不得歸屬於自然人或以營利為目的之團體。
如無前項法律或章程之規定或總會之決議時，其賸餘財產歸屬於法人住所所在地之地方自治團體。

解說

　　法人解散後，於清算程序將財產作一了結之後，若已經沒有剩下的資產，當然不會有問題，但如果清算後還有賸餘的財

產，就會遇到賸餘財產如何處理的問題。依照本條的規定，如果法律對於該法人的財產歸屬有特別規定，就依照該法律的規定；如果法律沒有特別規定，就依照法人章程的規定或總會的決議，不過如果是以公益為目的的法人，其賸餘財產不能歸屬於自然人或以營利為目的的團體，因此就只能歸屬於公法人或以公益為目的的團體。這樣的限制是為了避免利益輸送，因為法人既然是以公益為目的，如果賸餘財產可以歸屬於自然人或以營利為目的的團體，則可能出現為了獲取私益，催促法人解散以便獲得賸餘財產的現象。

如果法律沒有規定，章程或總會決議也沒有決定賸餘財產的歸屬，則賸餘財產將屬於法人住所所在地的地方自治團體。地方自治團體是指省市、縣市、鄉鎮市。

第二款　社　團

第45條（營利社團法人資格之取得）
以營利為目的之社團，其取得法人資格，依特別法之規定。

解說

社團法人是由人所組成的，有別於財團法人是由財產所構成。社團法人又可分為營利性、公益性及中間社團。在成立的要件上，公益性及中間性的社團，依下一條的規定，原則上須經過許可；而營利性的社團，原則上採取準則主義，只要符合法律所符合的要件，即可申請設立登記，無須經過主管機關的許可。

不過營利性的社團法人，種類繁多，本法固然無法一一規

定其成立要件，而且一部法律也無法完全網羅各種營利性社團的要件，公司法是其中比較重要的法律，其他如銀行法等，也有對於營利性社團法人成立要件的規定。因此必須視各個營利性社團法人不同的性質，而依各個特別法之規定以決定其成立法人的資格及要件。

第46條（公益社團之許可）
以公益為目的之社團，於登記前，應得主管機關之許可。

解說

　　社團可區分為營利性社團、中間社團和公益性社團。在本條與前條的適用上，前條適用於營利性社團，本條則適用於中間社團與公益性社團。

　　公益性社團例如宗教慈善團體、農會、工會、漁會、教育會、商業同業公會、工業同業公會，應依本法及人民團體法及農會法、漁會法、工業團體法、商業團體法之規定成立，並須經主管機關許可。中間性社團例如各種學術文化團體（例如中國比較法學會）、各種團體（例如青商會）、同鄉會、宗親會、體育團體、社會團體，應依本法及人民團體組織法成立，成立前應經主管機關許可。

第47條（章程必要記載事項）
設立社團者，應訂定章程，其應記載之事項如左：
一、目的。

二、名稱。

三、董事之人數、任期及任免。設有監察人者，其人數、
任期及任免。

四、總會召集之條件、程序及其決議證明之方法。

五、社員之出資。

六、社員資格之取得與喪失。

七、訂定章程之年、月、日。

解說

　　社團成立後，其組織如何、用何種方式運作，必須要有一
個依據以作為社團從事法律活動的基礎，因此便有訂立章程的
必要，法人的章程就好像國家的憲法一樣，是法人從事法律活
動的根本大法。

　　本條所規定者，是章程的應記載事項，也就是社團的章程
中一定要將本條所規定的事項記載進去，不能省略。茲將各款
的應記載事項說明如下：

　　(一)目的：也就是社團成立的宗旨，例如同鄉聯誼的宗
旨。

　　(二)名稱：即社團對外表示的名稱，例如廣西同鄉會。

　　(三)董、監事的人數、任期及任免：社團一定要設置董事
以代表法人，董事的人數、任期以及選任、免職的方式，均須
規定。法人中不一定設置監事，但如果有設置，監事的人數、
任期以及任免的方式也須規定。

　　(四)社團的社員總會是社團的最高權力機關，在不違背法
令的情形下，可以決定社團內部的任何事情，因此總會的召開

是社團運作的根本，其召集條件、程序以及決議證明方法（例如，議事記錄應經過主席簽名）均應規定。

(五)社團是以人為基礎，但沒有經費也無法運作，經費之來源主要來自於社員出資，因此社員之出資自應規定。

(六)社員資格的取得，例如入會的年齡限制和其他條件；以及社員資格的喪失，例如退社或開除之要件，均應規定。

(七)何時訂立章程，關係著法人成立的時點，影響社員的權利義務甚大，因此章程訂定的日期自應載明。

第48條（社團設立之登記）

社團設立時，應登記之事項如左：

一、目的。

二、名稱。

三、主事務所及分事務所。

四、董事之姓名及住所。設有監察人者，其姓名及住所。

五、財產之總額。

六、應受設立許可者，其許可之年、月、日。

七、定有出資方法者，其方法。

八、定有代表法人之董事者，其姓名。

九、定有存立時期者，其時期。

社團之登記，由董事向其主事務所及分事務所所在地之主管機關行之，並應附具章程備案。

解說

依本法第30條之規定，法人非經登記，不得成立，而登

記之事項便是依本條的規定：(一)目的；(二)名稱依章程所規定者登記；(三)事務所之地點則依本法第29條之規定決定其所在；(四)董事及監察人選出後，其姓名及住所亦須登記；(五)社團擁有財產者，其財產總額；(六)如果社團是公益性及中間性的，其成立應經過許可，許可的年、月、日亦須登記；(七)章程中所規定社員出資的方法，亦為登記事項；(八)董事如果有數人，其代表法人之權限依本法第27條之規定，而代表法人之董事的姓名，也是登記事項；(九)法人如果有存立期間，其期間為何，亦須登記。

　　法人的登記是由董事向主事務所及分事務所所在地的主管機關辦理，登記時並應附具前條所規定的章程備案。

第49條（訂定章程之限制）
社團之組織及社團與社員之關係，以不違反第五十條至第五十八條之規定為限，得以章程定之。

解說

　　社團的章程有必要記載事項和任意記載事項，本法第47條的事項是必要記載事項，該些事項章程中一定要規定，至於其他與社團有關的事項，也可以在章程中規定，例如社員的處罰規定，並非第47條所必須規定，但可以任意在章程中訂定。任意事項一經規定，也成為章程的一部分，不可隨便違反。

　　至於章程中有關於社團之組織及社團與社員之關係，只要不違背第50條至第58條的強行規定，不管是必要記載事項或任意記載事項，均得以章程定訂之。

第50條（總會之性質與權限）
社團以總會為最高機關。
左列事項應經總會之決議：
一、變更章程。
二、任免董事及監察人。
三、監督董事及監察人職務之執行。
四、開除社員。但以有正當理由時為限。

解說

　　法人本身是無影無形，並不能夠自己決定意思或從事活動，一定要藉自然人之力才能活動。社員總會也稱社員大會，是由全體會員所組成，以合議制方式決定法人意思的最高機關。

　　因為社員總會並非經常召開，因此社團中一般的日常事務就由董事來決定並執行，不過有一些關係社團最基本架構的事宜，本條規定一定要經過總會的決議才能決定。

　　(一)變更章程：章程是社團的根本大法，關係著社員全體的權利義務，因此章程的變更一定要由總會來決定。

　　(二)董事及監察人是社團的代表機關以及執行機關，關係著社團的運作，其選任及罷免自應由社員總會決定之。

　　(三)董事及監察人既然是由總會所任免，則惟有總會才有權限監督其職務之執行。

　　(四)社員彼此間權利義務均為平等，除非有正當理由，否則不能開除，即使符合開除的要件，也要經過社員總會的決議。

除了本條所規定的事項一定要經過總會決議外，社團的解散也要經過總會決議（民§57），除此之外，其他事項究竟是要由總會抑或要由董事決定，則章程可以自由規定，不受限制。

第51條（總會之召集）

總會由董事召集之，每年至少召集一次。董事不為召集時，監察人得召集之。

如有全體社員十分一以上之請求，表明會議目的及召集理由，請求召集時，董事應召集之。

董事受前項之請求後，一個月內不為召集者，得由請求之社員，經法院之許可召集之。

總會之召集，除章程另有規定外，應於三十日前對各社員發出通知。通知內應載明會議目的事項。

解說

總會有通常總會及臨時總會。

通常總會是定期召開的，每年應至少召開一次，由董事召集之，董事如果不召集，可由監察人召集；監察人如果不召集，十分之一以上的社員可以依本條第2項、第3項的程序召集之。也就是十分之一以上的社員將會議的目的及召集理由表明，並提出請求時，董事應該召集，如果董事在一個月內還是不召集，則這些十分之一以上的社員可以經法院許可後自行召集之。

臨時總會是定期性的通常總會之外臨時召開的，董事認為

必要時，可以隨時召集。十分之一以上的社員也可以依本條第
2項、第3項的規定召集。

　　總會的召集方式，除非章程另有規定，否則應該在召開之
日三十日前發出開會通知。通知中應載明會議的目的事項。

第52條（總會之決議）
總會決議，除本法有特別規定外，以出席社員過半數決之。
社員有平等之表決權。
社員表決權之行使，除章程另有限制外，得以書面授權他
人代理為之。但一人僅得代理社員一人。
社員對於總會決議事項，因自身利害關係而有損害社團利
益之虞時，該社員不得加入表決，亦不得代理他人行使表
決權。

解說

　　社團中各社員的意見不一定相同，但社團的意思卻只能有
一個，要使各社員的意見整合成一個單一意見，必須透過總會
的決議，所以總會決議是形成社團單一意思的最終決定方式。

　　在表決時，每一個社員均有平等的一個表決權，這一點和
股份有限公司每一位股東因持有股份的多寡而有不同的表決權
（公§179）並不相同。

　　除非本法有特別規定（例如民§57），總會決議是採過半
數決的方式，也就是出席股東過半數的同意便可通過決議。

　　如果社員有不能親自參加總會會議者，除非社團章程中另
有限制的規定，否則社員表決權的行使，可以用書面委託其他

社員代理（本條雖然沒有規定必須委託其他社員代理，但通說解釋為必須委託其他社員代理）。不過為了避免購買表決代理權等弊端，本條限制一位社員僅可以代理一個人。

對於總會決議事項，如果因社員本身利害關係而和社團的利益有所衝突時，該位社員不能加入表決，同時也不能代理他人表決。例如，社團總會在表決決定某項設備到底要購買甲公司或乙公司的產品時，如果某社員是甲公司的董事長，則該社員依本條之規定不得加入表決，也不可以代理他人表決。

第53條（章程之變更程序）
社團變更章程之決議，應有全體社員過半數之出席，出席社員四分三以上之同意，或有全體社員三分二以上書面之同意。
受設立許可之社團，變更章程時，並應得主管機關之許可。

解說

社團總會之決議依本法第52條之規定，原則上是以普通多數，也就是超過二分之一就可以成立，這種決議方式是普通決議。但如果有重大事由，法律特別規定提高出席人數及可決人數時，這種決議方式就是特別決議。

章程是社團中的根本大法，影響社團組織及社員權利義務甚鉅，所以本條特別規定章程變更的決議應以特別決議為之。其特別決議方式有兩種：一種是有全體社員過半數以上的出席，出席社員四分之三以上之同意；另一種方式是有全體社員三分之二以上的書面同意，利用此種方式通過時，由於是書面

同意，所以就不需要召集總會，只要有書面同意就可以。

　　如果是受許可設立的社團，也就是第46條所稱的公益性社團，則在變更章程時除了要有社員總會的特別決議外，還要經過主管機關的許可。

第54條（社員之退社）

社員得隨時退社。但章程限定於事務年度終，或經過預告期間後，始准退社者，不在此限。

前項預告期間，不得超過六個月。

解說

　　社員加入社團既然係依照其自由意願，則其退社與否，也應該有完全的自由，因此本條特規定原則上社員得隨時退出社團。

　　不過章程中如果有特別規定須在年度終了，或者經過預告期間才可以退社，則社員就必須遵照章程的限制來辦理退社，而不能夠隨時退社。如果有預告期間的規定，該預告期間的長度必須在六個月之內。

第55條（已退社或開除社員對社團之權義）

已退社或開除之社員，對於社團之財產無請求權。但非公益法人，其章程另有規定者，不在此限。

前項社員，對於其退社或開除以前應分擔之出資，仍負清償之義務。

解說

社員資格的喪失有兩種方式，(一)依本法第54條之規定，主動地要求退社；(二)依本法第50條第4款之規定，被其他社員以被動的方式開除。但不論是主動的退社或被動的開除，該失去社員資格的社員，對於屬於社團的財產，並無任何請求權。不過非公益性的社團，因為社員加入社團的目的就是在獲利，因此如果章程對於退社社員或被開除的社員如何請求社團的財產有特別規定，則依該章程的規定。

而社員在喪失社員資格前，其應該分擔出資義務，例如有年費或會費未繳的情形，這種義務並不會因為其資格的喪失而免除，也就是該社員在離開社團後仍然必須履行其退社之前積欠的出資義務。

第56條（總會決議無效之宣告）
總會之召集程序或決議方法，違反法令或章程時，社員得於決議後三個月內請求法院撤銷其決議。但出席社員，對召集程序或決議方法，未當場表示異議者，不在此限。
總會決議之內容違反法令或章程者，無效。

解說

總會決議的違反法令或章程有二種情形，一種是程序違法，一種是決議內容違法。

所謂程序違法，是指總會之決議程序或表決方式違法。決議程序違法，例如，總會的決議通知沒有依本法第51條的規定在三十日前通知，則該次總會全部的決議均為程序違法；表決

方式違法,例如,某次總會決議三個議案,第一、二個議案只須普通決議,但第三個議案需要特別決議才可通過,結果三個議案都用普通表決的方式,則第三個議案的表決程序違法。

如果程序違法,社員可以在決議後三個月內請求法院撤銷決議。不過並非所有社員都可以請求撤銷,如果出席的社員對於程序的違法當場並未提出異議,就沒有權利請求撤銷。至於沒有出席的社員,則有權利請求撤銷。

如果總會的決議內容違反法令或章程,例如,總會決議開設賭場,則該決議無效,不發生決議的效力。

第57條(社團之決議解散)
社團得隨時以全體社員三分二以上之可決解散之。

解說

社團的成立是根基於社員的意思,如果社員不再想讓社團繼續存在,自然也可以依據社員的決議而將社團解散。只不過社團解散茲事體大,所以解散的決議方式也格外慎重。

一般決議的方式,無論是本法第52條的普通決議或是第53條的特別決議,其決議方式原則上是以一定比例的社員出席以及出席社員一定比例的贊成作為議案可決與否的標準。但社團解散的決議則嚴格要求必須要有全體社員三分之二以上的可決才可以通過,因此不只透過總會決議的方式可以決議解散,縱使沒有召開總會,只要有三分之二以上社員書面的可決,也可以決議解散。

第58條（社團之宣告解散）

社團之事務，無從依章程所定進行時，法院得因主管機關、檢察官或利害關係人之聲請解散之。

解說

　　社團之成立必定有其目的，在此目的之下社團必有事務之執行，但如果社團之事務已經無法依照章程的規定執行時，可以修改章程以順應時勢，而如果修改章程也無法使事務繼續推行時，則惟有解散一途。本條規定惟有法院才有權利解散法人，至於有權利聲請解散的人包括主管機關、檢察官以及利害關係人。解釋上，法院並不能自行主動宣告法人解散，而是在有權聲請解散的人聲請之後，法院審酌社團確實有本條所規定的情形，才可以宣告社團解散。

第三款　財　團

第59條（財團之設立許可）

財團於登記前，應得主管機關之許可。

解說

　　在社團法人中有公益性和營利性之分，營利性社團法人採準則主義，只要合乎準則的規定，可以自由成立，不用經過許可，但公益性社團法人因事關社會公益，須經許可才能成立。在我國民法中，財團法人只有公益性而無營利性者，其成立自亦須經過主管機關許可，以求和公益性社團法人的成立有一

致性。

解說

　　社團法人是由人（社員）組成的，因此社團的設立行為便
是章程的訂立；財團法人是由財產組成的，因此設立行為包含
了捐助財產以及訂立章程二種行為。

　　捐助行為是指以設立財團為目的而無償地提供一定財產的
行為，該一定之財產就成為財團法人運作的基礎。

　　至於捐助章程，便是財團法人的根本大法，財團法人一切
運作都必須遵循捐助的規定。和社團法人的章程不同的是，社
團法人的章程是由全體社員以決議的方式制定的，但財團法人
的捐助章程則是由捐助人在捐助時訂立的。另外，社團法人的
章程可以隨時以社員總會的決議修訂之，但財團法人的捐助章
程則受到一定的限制，不能隨意修訂。

　　在法律行為的分類上，社團法人的章程訂定與修正是屬
於共同行為；而財團法人的捐助章程則屬於單獨行為，即使是
多人一起捐助的行為，亦屬於單獨行為的競合，而非共同行為
（法律行為的分類參見總則編第四章法律行為的說明）。

設立財團法人除了要有財產的捐助外，也要有章程的訂定，不過如果是以遺囑捐助而成立財團法人，就不需要訂定捐助章程。

捐助章程中一定要訂明財團法人成立的目的以及所捐助的財產，至於應登記之事項則在本法第61條中有規定。

以遺囑捐贈成立財團法人，原則上是由遺囑執行人訂立捐助章程並且處理法人成立的相關事宜。如果沒有遺囑執行人，則可以由主管機關、檢察官或利害關係人之聲請，指定遺囑執行人。

第61條（財團設立之登記）

財團設立時，應登記之事項如左：

一、目的。

二、名稱。

三、主事務所及分事務所。

四、財產之總額。

五、受許可之年、月、日。

六、董事之姓名及住所。設有監察人者，其姓名及住所。

七、定有代表法人之董事者，其姓名。

八、定有存立時期者，其時期。

財團之登記，由董事向其主事務所及分事務所所在地之主管機關行之。並應附具捐助章程或遺囑備案。

解說

無論何種法人，非經登記不得成立（民§30）。財團法

人應由董事向法人主事務所及分事務所所在地之主管機關辦理登記，登記時並應附具捐助章程或遺囑備案。至於應登記之事項，除了財團法人沒有出資之方法（因為已經有捐助的財產，且財團無所謂社員出資）以及財團法人全部要經過許可，此外和社團法人的登記事項相同，可參見之（民§48）。

第62條（財團之組織及管理）

財團之組織及其管理方法，由捐助人以捐助章程或遺囑定之。捐助章程或遺囑所定之組織不完全，或重要之管理方法不具備者，法院得因主管機關、檢察官或利害關係人之聲請，為必要之處分。

解說

　　財團法人的捐助章程中應明訂目的及所捐財產（民§60），以及財團的組織及其管理方法。但捐助人不一定個個懂得法律，而財團法人的組織及管理方法有時甚為複雜，捐助人不一定可以在捐助章程中訂立得非常完善。財團法人又和社團法人不同，無法藉由章程修訂的方式將章程修訂，因此本條特別規定如果捐助章程或遺囑所定的組織不完全，或重要之管理方法不具備，法院可以因主管機關、檢察官或利害關係人之聲請，為必要之處分。而所謂必要之處分，則視情況而有所不同，例如，當原章程對董事的人數及權限沒有具體的規定以至於法人無法有效運作時，法院就可以增訂條文，將董事人數及權限加以界定。

第63條（財團組織之變更）

為維持財團之目的或保存其財產，法院得因捐助人、董事、主管機關、檢察官或利害關係人之聲請，變更其組織。

解說

財團法人成立後，有可能因為時空及環境的變化，致使財團的目的不易達成或者財團的財產無法維持，例如，設立時的董事因為死亡、出國或其他原因產生缺額，此時財團本身並不能自行更換或另選董事，必須由法院變更其組織。又例如，財團原來是以土地收入作為運作的基礎，後來因土地被徵收而將徵收補助款存入銀行以利息收入作為財團運作的基礎，這時也是要由法院依據本條文變更組織，財團法人不能自行變更。

法院也不能依職權主動變更，而必須由捐助人、董事、主管機關、檢察官或利害關係人之聲請，才能變更。至於如何變更，則屬於法院之職權，聲請人的意見當然是參酌的依據，但法院也不一定要完全依聲請人的意見。

第64條（董事行為無效之宣告）

財團董事，有違反捐助章程之行為時，法院得因主管機關、檢察官或利害關係人之聲請，宣告其行為為無效。

解說

財團法人因為沒有社員總會，所以董事一旦選出，法人之職務就完全由董事執行，而由於董事職權極為廣泛，即使有

監察人加以監督，亦難保董事不為非作歹以至於損害法人權益。又監察人僅能促使董事不違法，但對於董事之違法行為並無法宣告其無效，因此如果董事作出違反捐助章程之行為，監察人也莫可奈何，例如，董事購買和法人目的毫無助益的設備以至於耗損法人之財產，或者將法人的財產作過分投機性的投資以至於法人財產所剩無幾。此時為了維持法人的公益性及其目的，法院可依本條規定，在主管機關或利害關係人之聲請之後，宣告董事的行為無效。

第65條（情事變更之措置）
因情事變更，致財團之目的不能達到時，主管機關得斟酌捐助人之意思，變更其目的及其必要之組織，或解散之。

解說

因為情勢的變化和時空的變遷，有時法人的目的已經無法達到，例如，本來以維持中韓邦交為目的而成立之財團法人，已因中韓斷交而失其原來之目的。此時主管機關得斟酌捐助人的意思，變更法人的目的為促進中韓二國人民的友誼，或者也可以變更必要之組織，如果捐助人的意思係在維繫中韓邦交，斷交後捐助人對中韓民間友誼並不在乎，此時主管機關也可將法人解散。

本條和本法第63條同樣是因情事變更而產生的應變處置，不過兩個條文上的內涵有甚大的差異：(一)依第63條條文規定是以維持財團原來的目的為著眼點，而本條則是在財團原先的目的無法達成時所作的處置；(二)依第63條條文規定變更組織

的權限是在法院，本條變更組織或解散的權限在主管機關；
(三)依第63條條文規定法院是被動地在聲請人聲請之後才作處
置，依本條條文主管機關可主動斟酌捐助人的意思作處置，不
必要等待他人聲請。

第三章

物

　　權利主體和權利客體是本法上的兩大課題。整部本法可以說全部是在規範權利主體和權利客體之間權利互動關係的法律。權利主體只有一種，就是人，包括自然人和法人，本法在總則編一開始便對作為權利主體的人作全面性的規定。至於權利客體，因為其多樣性，包括物、權利，以及無財產價值的作為或不作為，因此本法並未對權利客體設有一般性的規定，僅有在總則編中對「物」的概念設有一般性的規定。

　　本法中的「物」和一般觀念中的「物」並不全然相同，本法中物的概念具有三點特性：(一)不以有體物為要件：所謂「有體物」是指占有一定空間具有形體者而言，有體物固然是物，無體物如熱、光、電、核能等只要人類可以支配運用者，也算是本法中的物；(二)物質具有支配可能性：本法上的物必須是人力所能支配控制者，例如，太空中的星球雖然具有形體，但並不是人力所能控制，因此並非本法上的物；(三)物須具有獨立性：本法上的物採所謂「一物一權主義」，因此所有的物必須能個別獨立存在。例如，人的牙齒附著在牙床上，並無所謂獨立性，因此並非物，但如果是活動假牙，因為可以和身體隨時分離，因此是獨立的物。

　　物的種類有多種區分方式，除了在本法條文中明文規定

的動產、不動產（民§§66、67）；主物、從物（民§68）；原物、孳息（民§§69、70），在學理上尚有融通物、不融通物；消費物、不消費物；代替物、不代替物；特定物、不特定物；可分物、不可分物；單一物、結合物、集合物等多種區分方式，茲先將其區分標準及區分實益說明如下：

(一)融通物、不融通物

可以在私法上作為交易客體的就是融通物，不能作為交易客體的就是不融通物。一般的物在原則上是融通物，但公務用物（法院、軍事設備等）、公用物（公園、車站、道路等）、聖物（教堂、寺廟等）、禁制物（鴉片、槍砲等）為不融通物。

(二)消費物、非消費物

依物的使用方法，使用一次即歸消滅的為消費物，可以多次使用的為非消費物。水果、米、糖為消費物，汽車、衣服、傢俱為非消費物。消費物為消費借貸（民§474）及消費寄託（民§602）的標的，非消費物則為租賃（民§421）、使用借貸（民§464）、一般寄託（民§589）的標的。

(三)代替物、不代替物

在交易上可以以種類、品質、數量相互代替之物為代替物，例如米一斤、米酒一瓶；不代替物則指交易上注重物的個性，無法相互替代的物品，例如某件古董、某棟公寓。

(四)特定物、不特定物

依當事人之意思具體指定其件物品作為交易客體，則該件物品為特定物，例如指定某輛汽車為買賣標的；不特定物則為未具體指定某特定物品，例如契約中僅訂明畫一幅，或只指定

腳踏車一輛。

代替物通常為不特定物，不代替物通常為特定物，但也有例外。例如同廠牌、同型號之汽車彼此間為代替物，但客戶如果特別指定某輛汽車，則該汽車為特定物；又房屋通常為不代替物，但如果契約中僅言明國宅一戶，並未具體指明何棟何戶，則為不特定物。

特定物與不特定物的差別在於特定之物為特定之債的標的，不特定物為種類之債（民§200）的標的。

(五)可分物、不可分物

依物的性質，不會因為將其部分分割而減損其價值的為可分物，例如米、糖、黃金等；如果因分割會變更其性質或減損其價值者，則為不可分物，例如牛、馬、古董等。可分物為可分之債（民§271）的標的，不可分物為不可分之債（民§292）的標的。

(六)單一物、結合物、集合物

在型態上自成一體之物為單一物，例如一張紙、一頭牛；結合物是數個單一物結合成之物，相結合之各單一物雖然沒有完全喪失其個性，但已成為結合物之「部分」，例如手錶係結合各個零件，汽車也係由各個零件結合而成；集合物是在經濟上將諸多單一物或結合物集合而成之物，例如集合書及設備成為一個圖書館，集合多隻羊而成為一群羊。

單一物及結合物依物權法一物一權的原則，係一個單一物權的客體，集合物不是一個單一物權的客體，但在債權法上可以將之當作一個債權的標的。例如，購買一間廠房，債權行為（契約）只要簽一份契約，但物權行為（點交）卻要一個機器一個機器移轉。

第66條（不動產之意義及範圍）

稱不動產者，謂土地及其定著物。

不動產之出產物，尚未分離者，為該不動產之部分。

解說

動產與不動產的分別，是本法中關於物最重要的區別，其分別的實益在於：

(一)物權的變動方式不同，這是兩者最根本的差異。不動產物權的變動，依法律行為取得者，非經登記不生效力（民§758），動產則將動產交付即生效力（民§761）。

(二)動產和不動產物權取得時效期間長短不同（民§§768～770）。

(三)典權、地上權、永佃權、抵押權的標的限於不動產；質權和留置權則以動產為標的。

(四)受領遲延時，如標的為不動產，債務人得拋棄占有（民§241），如果標的為動產，債務人僅得提存（民§326）。

(五)在強制執行程序上，動產和不動產的執行方法截然不同，強制執行法對於動產執行規定在強制執行法第二章第二節，對於不動產執行則規定在第二章第三節，二者執行的主要差別在於查封方式（動產查封用標封及烙印或火漆印之方式，不動產則用揭示、封閉、追繳契據方式）以及執行方法（動產用查封拍賣及變賣之方法，不動產則用查封拍賣及強制管理的方法）。

本法對於不動產之定義，計有兩種：土地與土地的定著

物。

(一)土地指一定範圍的地球表面，以及表面上及地下。土地不一定要土壤覆蓋才叫土地，即使其間有溝渠、河川、水池，也是土地的一部分。

(二)土地的定著物是指繼續密切附著於土地上，不易移動其所在，依社會交易的觀念認為並非土地的構成部分，而有獨立使用價值的物品。最主要的是房屋、各種建築物如橋樑、高速道路、城堡、紀念碑、塔臺等。如果是附著於土地而性質上已固定成為土地的一部分者，例如柏油馬路、下水道、排水溝、隧道等，係土地的一部分，並非土地的定著物。而如果是臨時性的附著物，例如童軍帳蓬、戲臺、臨時售票亭，也不是定著物。至於定著物有無申請建照，是不是合法建築，本法並不過問（屬行政法規的問題），因此違章建築也是本法上的定著物。

不動產的出產物，例如，土地上之林、木、花、草、在尚未和不動產分離前，是該不動產的部分，並非獨立之物，因此土地所有權移轉時，土地上的出產物所有權也隨同移轉。不過不動產的出產物如果和土地分離，就成為獨立的物，而不再是不動產的部分，因此在土地上種甘蔗，在尚未砍伐之前，該甘蔗是土地的一部分，沒有獨立的物權，因此不能以該尚未採收之甘蔗獨立作買賣的標的；但該甘蔗被砍伐之後，該甘蔗就成為獨立的物，不再是土地的一部分，此時該甘蔗就可以和土地分離，獨立作為買賣的標的。至於地面下的砂石土壤、礦產油氣等，雖然是土地的一部分，但憲法中基於國民經濟的全盤考慮，特別在憲法第143條第2項：「附著於土地之礦，及經濟上可供公眾利用之天然力，屬於國家所有，不因人民取得土地所

有權而受影響。」因此私人雖有土地所有權，但對於土地上之礦產及可供公眾利用的自然力，仍然不能主張所有權。

第67條（動產之意義及範圍）
稱動產者，為前條所稱不動產以外之物。

解說

　　民法對於動產的意義並未積極地從正面加以定義，而係從反面以除外的方式加以定義。也就是除去前條所說的不動產之外，所有的物都是動產。因此貓、狗、汽車、電視機等固然是動產，其他如光、電、熱能等人力可支配控制的自然力，也屬於動產的範圍。

　　而某些物在性質上雖然屬於動產，但因價值高、體積大、一般交易上較為謹慎，因此法律上規定其具有不動產的特性，船舶和航空器就屬於這一類。例如，船舶所有權移轉時需要登記（海§9），動產一般僅需交付（民§761）；船舶可設定抵押權（海§33），動產一般僅能設定質權（民§884）及動產抵押（動保§15）；強制執行時，船舶準用不動產的執行程序（強§114），和一般動產之執行方式有所不同。

第68條（主物與從物）
非主物之成分，常助主物之效用，而同屬於一人者，為從物。但交易上有特別習慣者，依其習慣。
主物之處分，及於從物。

解說

　　主物和從物的分別是從物品之間的相互關係和效用所產生的。因為有些物品在使用上經常須數件物品合用才能發揮其作用，而該數件物品彼此間又不是居於平等的獨立地位，而是具有主從關係，這時候基於主要且具獨立地位的稱為主物，而那些基於次要且附屬地位的就稱為從物，例如船舶和救生艇、電視機和遙控器、汽車和備胎、手錶和錶帶，都具有這樣的關係。

　　主物和從物之間必須具有下列要件：

(一)從物必須是非主物之成分

　　主物和從物之間必須是二個以上獨立之物，如果二個物品已經結合在一起而彼此成為物的一部分，就沒有所謂主物和從物的關係。例如房子和窗戶，桌子和抽屜、汽車和輪子、原子筆和筆管，彼此間是物的一部分，並非主物從物。

(二)從物須常助主物之效用

　　因為主從物二者間均是獨立的物，如果彼此間沒有這層關係，便不可能成為主從物。至於其是否有主從關係，是從社會交易及社會習慣上來衡量，二者之間必須有附屬關係才會成為主從物。即使備而不用，也可能成立主從關係，例如輪船和救生艇、汽車和備胎，雖然沒有經常一起使用，也屬於有這種主從關係。

(三)主物與從物必須同屬一人所有

　　主物從物關係的最大作用就是本條第2項所規定的主物的處分，其效力及於從物，為了使法律關係單純起見，如果不屬於同一個人所有，即使在客觀上二個物品有主、從關係、法律

上仍然不認為有主、從物關係。例如，承租人（房客）自行購買的紗窗，雖然在客觀上紗窗常助主物（房屋）的效用，但因紗窗和房屋的所有權分屬房客及房東享有，因此在法律上認為二者之間並沒有主物從物的關係。

依本條第2項的規定，主物之處分及於從物，因此主從物間必須同其命運，例如，將主物出賣時，從物也視為隨同出賣。不過交易上如果有特別習慣，則依其習慣。例如，購買收錄音機時，因為通常收錄音機上的電線是收錄音機的從物，所以購買收錄音機時，電線的所有權也應該同時移轉；但如果該收錄音機使用的是特殊的電線，平常並不隨收錄音機附送，則該收錄音機（主物）與該特殊電線（從物）的所有權也不必然同時移轉。

第69條（天然孳息與法定孳息）
稱天然孳息者，謂果實、動物之產物及其他依物之用法所收穫之出產物。
稱法定孳息者，謂利息、租金及其他因法律關係所得之收益。

解說

從物的收益關係來看，可分為原物與孳息，孳息是原物的收益。孳息又可分為天然孳息和法定孳息二種。

(一)天然孳息

天然孳息是依物之使用方法所收穫的出產物，又可分為

有機性的產物和無機性的產物。有機性的產物，例如植物的果實、花卉、稻穀、動物的小豬、雞蛋、羊毛等，無機性的產物，例如砂石、煤礦、金礦等。所謂物之用法只要是依物之自然使用狀態所產生的收益，均可包含在內，並不一定要侷限於該原物的經濟目的。例如，庭園內的果樹，雖然經濟上的目的是在觀賞而不在生產果實賣錢，但其產生的果實，仍是屬於所謂「依物之用法所收穫之出產物」，因此仍屬於天然孳息。

　　不過孳息必須是在物的「使用中」所產生的，如果是將物「處分」所產生的，例如，將牛宰殺後所產生的牛肉並不是孳息；而工業上的產物，例如，由核能、水力所產生的電能，也只是能源利用的產物，並不是孳息。

(二)法定孳息

　　天然孳息是在物之自然使用狀態下所產生的收益，法定孳息則是依照法律關係所產生之收益。例如，錢本身並不會產生錢，但將錢借給其他人，可以獲得利息的收益，該利息即是法定孳息；或者將房子租給他人，可以獲得租金的收益。又例如，將專利權授與他人使用，可以收取權利金，也屬於法定孳息。

　　法定孳息必須是供他人利用所產生的收益，如果是原物所有人自己利用所產生的利益，例如，將金錢投資開設小吃店所產生的盈餘利潤，並不能算作法定孳息。

第70條（孳息之取得）
有收取天然孳息權利之人，其權利存續期間內，取得與原物分離之孳息。
有收取法定孳息權利之人，按其權利存續期間內之日數，取得其孳息。

解說

天然孳息的取得，係依照原物與孳息分離時，何人有收取權，他就取得孳息。

例如，甲栽種果樹從幼苗至長成總共花費三年的時間，在收成前夕，甲將果樹賣給乙，此時雖然果實的收成大半歸功於甲，但因收成時果樹已經屬於乙，所以乙才能取得果實。

法定孳息的獲得方式是採按日計算的方式，例如，甲將房子出租給乙，租期三年，甲在二年半的時候將房子讓給丙，此時甲可以獲得前二年半的租金孳息，丙則只能獲得最後半年的租金孳息。

|第四章|
法律行為

　　法律行為是以發生私法上效果為目的，藉由意思表示而發生一定私法上效果之行為。例如，當事人想要發生買賣的私法上效果，藉由買賣契約簽訂的行為，而完成訂買賣契約的效果，這個契約簽訂的行為可以使買方獲得請求交付買賣標的的權利，並使出賣人獲得請求交付價金權利的效果。

　　法律行為必須由當事人將內心期望的效果意思表現在外（不管是明示或默示），因此意思表示成為法律行為要素中最重要的要素。通常法律行為只要有當事人、行為的標的、還有意思表示便能成立（也就是法律行為的成立要件是當事人、標的、意思表示），不過法律行為雖然成立，但如果要生效，還必須行為人有權利能力（民§6）及行為能力（民§§13、75～85）；標的須合法（民§71）、妥當（民§72）、可能（民§246）、確定；意思表示必須健全（民§92）而且一致（民§§86～88）。

　　所有私法上的權利義務變動全部是藉由法律行為來完成，因此法律行為是總則編中相當重要的章節，以下先就法律行為中比較重要的分類加以說明。

(一)單獨行為、契約行為、共同行為
　　單獨行為是只要當事人一方的意思表示便可以成立的法律

行為，例如遺囑，只要立遺囑人單獨的意思表示便可以成立。單獨行為又稱一方行為。

契約行為是相對立的當事人間意思表示趨於一致而成立的行為，例如，在買賣行為是一方願意買，另一方願意賣而成立；在租賃行為是一方願意承租而另一方願意出租而成立。契約行為又稱雙方行為。

共同行為也是多數人的行為，但是這多數人的意思表示是平行一致的，並沒有像買與賣、出租與承租這種相對立的關係。典型的共同行為例如股東會的決議、社團章程的訂立，此時在股東和社員之間，意思表示是相同而且沒有對立。共同行為又稱為合同行為。

(二)債權行為、物權行為、準物權行為

債權行為是以發生債的關係為目的的行為，例如訂立買賣契約、訂立租賃契約的行為。債權行為成立後只會使某一個人取得可以要求他人作一定行為的權利，並不會使物權直接發生變動。例如，買賣書本的契約成立後，只是使買受人取得可以向出賣人要求交付書本的權利，但是在出賣人還沒有將書交給買受人之前，書本的所有權仍然屬於出賣人，並非買受人。

物權行為是使物權直接發生變動的行為。例如，甲將書本所有權移轉給乙，此時甲作了一個移轉動產所有權的行為將會使所有權關係發生變動（由甲為所有者變成乙為所有者）。準物權行為和物權行為類似，但是物權行為的標的是物權，而準物權行為的標的是物權以外的財產權。例如，甲將債權讓給乙，會使債權本來由甲擁有而變成由乙擁有，其效果和物權行為有點類似，但因為行為的標的是債權而非物權，所以是準物權行為而不是物權行為。

在學理上，物權行為和準物權行為合稱為處分行為。債權行為又稱負擔行為。

(三)財產行為、身分行為

以發生財產法（債法及物權法）上的效果為目的的行為稱為財產行為，例如買賣、抵押權設定都是。只有財產行為才區分成債權行為、物權行為、準物權行為、身分行為並沒有這種區分方式。

身分行為是以發生身分法（親屬法及繼承法）上關係為目的的行為，例如結婚、收養、認養等。狹義的身分行為只產生身分關係的變動，但有些身分法上的行為，也會使財產關係發生影響，例如夫妻財產制約定、扶養費請求權的行使等，學理上稱為「身分的財產行為」。

(四)有償行為、無償行為

當事人一方為財產上之給付會取得他方對待給付的行為稱為有償行為，例如，出賣人交付標的物可以相對地取得買受人交付買賣價金，出租人提供租賃物讓承租人使用可以取得承租人的租金。如果一方之給付並不能取得他方對待給付的行為則為無償行為，例如贈與，贈與的一方並不會因贈與而使受贈人交付任何對待給付（對價）。買賣契約是典型的有償契約，民法其他有償契約在性質不違背的情形下皆可準用買賣契約之規定。

(五)要式行為、不要式行為

意思表示必須依一定方式表示的稱為要式行為，不嚴格限制依照一定方式便能成立的稱為不要式行為。除非法律有特別規定（例如民§§422、760、982、1189），否則原則上法律

行為均為不要式行為。

第一節　通　則

> **第71條**（違反強行規定之效力）
> 法律行為，違反強制或禁止之規定者，無效。但其規定並
> 不以之為無效者，不在此限。

解說

　　法律行為必須合法。「合法」是一種消極的概念，依現代
法治精神，不違法的行為就是合法。

　　法規依照其效力有無強制性，可以分為強行規定和任意規
定。強行規定是不論行為當事人的意思均應強制適用的規定，
例如本法第985條第1項「有配偶者，不得重婚」之規定，即使
婚姻當事人均同意重婚，該重婚行為仍然違法；任意規定則是
可以由當事人之合意排除法律適用的法規，例如本法第311條
第1項前段「債之清償，得由第三人為之」，因此雖然原則上
第三人可以代債務人清償債務，但是當事人也可以約定債務人
一定要親自清償，第三人不得代為清償。

　　強行規定包括強制規定及禁止規定，命令當事人「必須
為」一定法律行為的稱為強制規定，例如本法第47條「設立社
團者，應訂立章程，……」；命令當事人「不得為」一定行為
者，稱為禁止規定，例如本法第757條「物權除依法律或習慣
外，不得創設」。

　　法律行為，違反強行規定者，原則上無效，不過法律上不認為無效的，則該法律行為不會因違反強行規定而無效，例如本法第205條規定約定利率超過週年16%者，超過的部分無效。

第72條（違背公序良俗之效力）
法律行為，有背於公共秩序或善良風俗者，無效。

解說

　　公共秩序和善良風俗的概念在本法第2條的要旨中已有說明，茲不贅述。

　　公序良俗是私法的最高指導原則之一，與誠實信用原則、禁止權利濫用原則、禁止違反公益原則（民§148）都是私法上不得違背的標準法則。

　　違背公序良俗因而使法律行為無效的例子，在實務上甚多，例如收養外孫為養子（58年台上字第109號）、訂立人身質押之契約（18年上字第1745號）、夫妻離婚後，約定所生子女與父或母斷絕關係（24年院字第1341號）、結婚時預先簽訂離婚協議書（50年台上字第2596號）、子女在父母健在尚未繼承財產時即預先在父親的財產訂立分管契約、瓜分財產（46年台上字第1068號）、數人於法院拍賣時約定圍標金（56年台上字第587號）、以金錢之給付作為離婚之條件（59年台上字第1284號）、將土地所有權移轉給同居女子，約定如果同居關係終止土地必須返還（65年台上字第2436號）、一人同時為二人之養子（夫妻共同收養除外）（60年台上字第2963號）等。

　　違背公序良俗的行為為原則上無效，但如果法律不以之為

無效，也不會當然無效。例如暴利行為（民§74）也是違背公序良俗的行為，但法律規定僅是得撤銷而已，並非無效。

第73條（不依法定方式之效力）
法律行為，不依法定方式者，無效。但法律另有規定者，不在此限。

解說

　　法律上如果規定作某一種法律行為必須依照一定之方式，則原則上為該法律行為必須依照該法定之方式。例如，結婚應以書面為之，有二人以上證人之簽名，並應由雙方當事人向戶政機關為結婚之登記（民§982）、遺囑必須依照法律所規定之方式（民§§1190～1195）。如果不依法定之方式，則該行為無效。

　　但如果法律另有規定，縱使未依法定方式也不當然無效者，則該法律行為並不會因為未依照法定方式而無效。例如，不動產的租賃期限超過一年者，應該以書面為之，但如果沒有訂立書面，租賃契約並非無效，只是變成不定期租賃（民§422）而已。

第74條（暴利行為之效力）
法律行為，係乘他人之急迫、輕率或無經驗，使其為財產上之給付或為給付之約定，依當時情形顯失公平者，法院得因利害關係人之聲請，撤銷其法律行為或減輕其給付。
前項聲請，應於法律行為後一年內為之。

解說

本條所規定的這種顯失公平的行為，在學理上稱為「暴利行為」。暴利行為的成立要件如下：

(一)必須乘他人急迫、輕率或無經驗

例如，地下錢莊乘他人財務狀況危急周轉失調時借給他極高利息的貸款；或代書利用一般人對土地過戶事務不熟悉收取高額代辦費。

(二)必須為財產上之給付，或為給付之約定

「給付」是指法律行為之標的已經支付，代辦費已經支付例如所約定之高額；「為給付之約定」是指雖然還沒有現實交付標的物，但已經約定要給付的情形，例如，和代書約定過戶程序辦理完後將支付高額的代辦費。暴利行為必須是財產上的暴利，如果只是情感上的顯失公平，則屬於道德上應譴責的問題，不是本條的暴利行為。

(三)必須依當時情形顯失公平

是不是公平必須依法律行為當時的具體情形判斷。在考慮是否公平時，還要斟酌經濟上供需平衡的觀點，不能僅單純從價格上來判斷。例如，某種金屬原料平時1公噸1萬元，在市面上缺貨時，因為需求多於供給，因此行情可能暴漲至2萬元，此時不能單純以出賣人將售價提高至1公噸2萬1,000元即認為有不公平之處。

第二節　行為能力

第75條（無行為能力人及無意思能力人之意思表示）
無行為能力人之意思表示，無效；雖非無行為能力人，而
其意思表示，係在無意識或精神錯亂中所為者亦同。

解說

　　無行為能力人是指未滿7歲之人及受監護宣告之人，因為
法律上認為這些人無意思能力，而法律行為又以意思表示為基
礎，既然沒有意思能力，則其所為之法律行為自然無效。不過
無效限於需要意思表示之法律行為，如果是事實行為（例如撿
到他人遺失的錢），因為不需要意思表示，因此不會因為沒有
意思能力而無效。

　　雖然不是無行為能力人，但是如果一時性的喪失意思能
力，則在意思能力喪失時所為的法律行為，也是無效。一時性
的喪失行為能力無論是因為無意識，或者是在精神錯亂中所為
的行為均為無效。例如在酒醉中所訂立的契約，或者遭遇驚嚇
後精神失常時所為的意思表示，均為無效。

第76條（無行為能力人之代理）
無行為能力人由法定代理人代為意思表示，並代受意思表
示。

解說

無行為能力人既然本身不能夠為有效的法律行為，則如果需要法律行為時，應該用代理的方式，也就是由法定代理人代為及代受意思表示。在需要向他人為意思表示時，由法定代理人代為；他人需要向無行為能力人為意思表示時，由法定代理人代為接受。

無行為能力人的代理有二種：(一)未成年人的法定代理人為父母（民§1086），如果無父母，或父母無法行使其對未成年人的權利義務時，應置監護人（民§1091），監護人為受監護人之法定代理人（民§1098）；(二)受監護宣告之人則應置監護人（民§1110），該監護人為受監護宣告之人之法定代理人（民§1113）。

法定代理人代為及代受意思表示只限於財產上之法律行為，至於身分上之行為則原則上法定代理人不得代理，但例外有由法定代理人代為及代受意思表示者（民§1076-2）。

如果貫徹無行為能力人必須由法定代理人代為及代受意思表示的法律規定，則無行為能力人所為的所有法律行為都必須由法定代理人代為及代受，即使如購買鉛筆、搭乘公車、購買筆記本、在自動販賣機購買飲料等行為都必須由法定代理人代為購買，如此變成法定代理人如果不陪同，小學一年級的學童便無法搭公車，也無法購買飲料，如此，和社會的通常觀念反而不相符合。

為了解決這種不合理的現象，學理上有所謂「事實上契約關係」的理論，使那些只注重使用事實而並不注重當事人意思的法律行為，例如使用公共電話、寄信、搭公車等行為，只要有使用的事實存在，便推定該些法律行為有效成立。如此，不

管使用者有無意思能力，只要有使用的事實便可以成立，縱使是無行為能力人，也可以在這些情形下為有效的法律行為。

> **第77條**（限制行為能力人之意思表示）
> 限制行為能力人為意思表示及受意思表示，應得法定代理人之允許。但純獲法律上之利益，或依其年齡及身分、日常生活所必需者，不在此限。

解說

　　滿7歲以上之未成年人有限制行為能力（民§13）和無行為能力人所有意思表示皆必須由法定代理人代為及代受，但限制行為能力人之情形不同。限制行為能力人在取得法定代理人之允許後得自為及自受意思表示，但如果未得法定代理人允許，則不得自為及自受意思表示。

　　允許是事前的，其和承認（民§79）是事後的並不相同，限制行為能力人在自為及自受意思表示之前必須得到允許。

　　允許並沒有一定的方式，以言詞或以書面為之均可。不過法定代理人的允許必須就特定的法律行為為允許，不可以概括性地為允許。因此法定代理人不可以允許限制行為能力人在某一段時間內可以為一切法律行為，而必須特定地就某件買賣事件、某件租賃事件為允許。

　　限制行為能力人如果沒有得到法定代理人允許，原則上不得自為或自受法律行為，但本條規定有二種例外情形並不須得到允許：

(一)純獲法律上利益之行為

　　所謂純獲利益，是指在該法律行為中限制行為能力人只享受法律上的利益，而沒有任何法律上的負擔或義務。所以市價5萬元機車以1萬元的價格賣給限制行為能力人，即使該限制行為能力人可以獲得好幾萬元經濟上的利益，但因為不是「純」獲利益，因此也須要經過同意。

(二)日常生活所必需的行為

　　是不是日常生活所需必須考量該限制行為能力人的年齡、身分等各種因素依社會客觀的標準認定之。例如，17歲的高中生購買價值5,000元的實驗器材應該是日常生活必需的行為，但10歲的小學生購買相同的東西就不是生活所需。一般而言，到小吃店吃東西、搭乘公車、看電影、購買文具、購買衣服等行為可認為是為生活所需，但搭飛機、購買行動電話、購買貴重首飾等，和限制行為能力人之日常生活比較沒有必需的關係，就不能援引此但書之規定，作這些行為之前還是要經過法定代理人允許才能購買。

第78條（限制行為能力人單獨行為之效力）
限制行為能力人未得法定代理人之允許，所為之單獨行為，無效。

解說

　　單獨行為只要一方的意思表示便可以成立，之所以單憑一方的意思表示便可以成立，是因為單獨行為大多是拋棄權利、

免除債務等不利的行為，為了避免限制行為能力人因智識不發達而草率作出不利於自己之行為，所以本條規定限制行為能力人所為之單獨行為，如果事前沒有經過法定代理人允許，就絕對無效，即使事後法定代理人對於該單獨行為加以承認，也於事無補。

唯一的例外是已滿16歲的未成年人可以為遺囑（民§1186Ⅱ）不需要經過法定代理人允許。

第79條（限制行為能力人訂約之效力）
限制行為能力人未得法定代理人之允許，所訂立之契約，須經法定代理人之承認，始生效力。

解說

限制行為能力人欲為有效的契約行為有兩種方式，一種是事前經法定代理人允許，另一種便是事後經法定代理人的承認。

如果限制行為能力人在訂立契約前沒有得到法定代理人的允許，該契約也並非無效，而是效力未定，一直要到法定代理人表示承認與否之後該契約才確定生效（法定代理人承認時）或不生效（法定代理人拒絕承認時）。

本條至第82條即在規定限制行為能力人作一個效力未定的法律行為時雙方當事人的處理步驟。

第80條（相對人之催告權）
前條契約相對人，得定一個月以上期限，催告法定代理人，確答是否承認。
於前項期限內，法定代理人不為確答者，視為拒絕承認。

解說

　　限制行為能力人為契約行為之後，由於該契約效力未定，如果讓時間一直拖下去而法定代理人一直不願意作承認與否的答覆，則該契約行為就處於一個不確定的法律狀態，對於相對人不甚公平。因此法律賦予相對人早日將這種不確定狀態確定下來的權利，一是本條的催告權，另一則是第82條的撤回權。

　　如果相對人仍有意思讓這個契約生效，他可以定一個月以上的期限，催告法定代理人承認，如果法定代理人在期限內承認，該契約自始有效；如果法定代理人拒絕承認，該契約自始無效；如果法定代理人在期限內未置可否，則視為拒絕承認。

第81條（限制原因消滅後之承認）
限制行為能力人於限制原因消滅後，承認其所訂立之契約者，其承認與法定代理人之承認，有同一效力。
前條規定，於前項情形準用之。

解說

　　法定代理人固然是有承認權的人，限制行為能力人在為契約行為之後限制行為原因消滅者，例如，訂立契約後成年，則

限制行為能力人已取得行為能力，也可以承認自己在限制行為能力時期所為的契約。這種承認和法定代理人的承認有相同效果。

如果限制行為能力人為契約行為之後取得行為能力，相對人關於前條的催告權，也可以向該已取得行為能力的行為人本人為之，而不必向法定代理人為之。

第82條（相對人之撤回權）
限制行為能力人所訂立之契約，未經承認前，相對人得撤回之。但訂立契約時，知其未得有允許者，不在此限。

解說

如前所述限制行為能力人所為的契約行為在法定代理人沒有承認或拒絕承認之前，是處於效力未定的狀態，此時相對人有第80條的催告權和本條的撤回權。

撤回權是指契約行為的相對人在法定代理人沒有作承認與否的表示前，可以將該法律行為撤回。不過相對人必須是在為該契約行為前不知道限制行為能力人沒有得到允許的情形才有資格撤回，如果相對人為法律行為時已經知道限制行為人未得允許，則該契約行為處於不確定狀態也是他所預見並自甘忍受的，此時相對人只有第80條的催告權，沒有本條的撤回權。

第83條（限制有效之法律行為）
限制行為能力人用詐術使人信其為有行為能力人或已得法
定代理人之允許者，其法律行為為有效。

解說

　　限制行為能力制度的目的是在保護未成年人，避免其因為
經驗不足、思慮不周而訂定不利益的契約。但如果限制行為能
力人能夠使用詐術，使相對人相信其有行為能力或使相對人相
信其已經得到法定代理人的允許，則可見其已經有相當的意思
能力，沒有再加以保護的必要。更何況施詐術已經違背公序良
俗，而且「惡意不受保護」也是法律上的原則。因此本條特別
規定，如果限制行為能力人有施用詐術，則該法律行為強制有
效，不需要經過法定代理人的承認。

第84條（處分特定財產之允許）
法定代理人允許限制行為能力人處分之財產，限制行為能
力人，就該財產有處分之能力。

解說

　　法定代理人對限制行為能力人所為的行為不能為概括性的
允許，但可以特定地加以允許（民§77），相同的道理，如果
法定代理人針對特定財產，允許限制行為能力人自行處分，則
限制行為能力人對該財產應有處分的能力，這是本條立法的目
的。例如父母給兒女的零用錢，或父母對在外求學的兒女給予

相當數額的生活費用，即使兒女是限制行為能力人，當其使用這些零用錢或生活費用購買物品時，並不需要再一一取得法定代理人的允許。

第85條（獨立營業之允許及撤銷）
法定代理人允許限制行為能力人獨立營業者，限制行為能力人，關於其營業，有行為能力。
限制行為能力人，就其營業有不勝任之情形時，法定代理人得將其允許撤銷或限制之。但不得對抗善意第三人。

解說

如果法定代理人允許限制行為能力人獨立營業，例如，父母允許未成年子女開設禮品店或經營雜貨店等，在這些營業範圍內必要的法律行為，不需要再一一取得法定代理人的允許。例如，店裡需要進貨、需要裝潢、需要聘僱員工，這些行為只要限制行為能力人先前已取得法定代理人允許其獨立營業，都不需要再經過法定代理人的允許。

不過限制行為能力人到底思慮經驗不如成年人周密，從事獨立營業有時會遭遇困難，為了謀求彌補之道，本條第2項規定如果限制行為能力人對於獨立營業有不能勝任的情形，法定代理人得將允許撤銷或限制之。限制的情形例如，只允許限制行為能力人在交易額新臺幣5,000元以下的交易自由為之，超過這個數額還是要得到法定代理人的允許。不過這種撤銷或限制不能對抗善意第三人，因此第三人如果不知道法定代理人已經將允許撤銷或限制，而繼續和限制行為能力人作交易，此時

不能以獨立營業的允許已被限制或撤銷而主張對抗該第三人。

第三節　意思表示

　　本法是以法律行為（尤其是契約行為）為中心，而法律行為又是以意思表示為基礎，因此雖然法律行為和意思表示在法律上的意義並不相同，但二者常被當作同一用語來使用，而意思表示之效力更成為重要的課題。

　　意思表示通常是由效果意思、表示意思、表示行為所構成。

(一)效果意思

　　效果意思又稱為效力意思或法效意思，是指表意人在內心上期望發生某種法律效果的意思。例如，購買書籍的人在對外作出購書的意思表示之前，必定在內心之中有購買書籍的期望，這個期望便是表意人內心的效果意思。

(二)表示意思

　　除了內心要有效果意思之外，表意人更要有將內心效果意思表示出來的意欲，這個意欲便是表示意思。例如，某人雖然有購書的效果意思，但考慮到價錢太貴，並沒有將該購書的效果意思表示在外的意思，則效果意思終究只是停留在內心而已。

(三)表示行為

　　既然內心有效果意思，且又有將效果意思表示出來的表示

行為，則整個意思表示的動作便靠表示行為來完成。表示行為是表意人將內心的效果意思表達於外部，使他人可以得知其效果意思的行為。例如在上述購書的例子中，購書者將購買書籍的意思向書店老闆表達，使雙方達成買賣契約，這個將購書意思表達出來的行為，便是表示行為。

意思表示不能有瑕疵。所謂有瑕疵是指外部的表示行為和內心的效果意思有不一致的情形，這些瑕疵會影響法律的效力。意思表示不一致的情形有因為表意人自己之自由意志而發生的，如心中保留（民§86）、通謀虛偽意思表示（民§87）；有因為表意人不知而發生的，如錯誤（民§88）、誤傳（民§89）；有因為受外力影響而發生的，例如被詐欺或脅迫（民§92）。

第86條（真意保留──單獨虛偽意思表示）
表意人無欲為其意思表示所拘束之意，而為意思表示者，其意思表示，不因之無效。但其情形為相對人所明知者，不在此限。

解說

本條是規定真意保留的情形，也就是單獨的虛偽意思表示。真意保留是指表意人內心的效果意思和外部的表示行為不一致，而不一致的情形是表意人所明知的。例如，甲向乙表示要購買乙的汽車，乙並沒有要賣的意思，但因為礙於情面，乙還是答應甲而賣掉車子，此時乙不能以其內心並無賣車給甲的意思而主張其答應的意思表示不生效。這也正是本條所規定的

「其意思表示，不因之無效」。

　　雖然在真意保留的情形，原則上其意思表示不會因為內心效果意思和外部表示行為的不一致而無效，不過本條但書另外規定，如果真意保留的情形為相對人明知者，則該真意保留（虛偽）的意思表示仍然無效。例如前述甲向乙購車的例子中，如果乙內心並無賣車意思的情形為甲所明知，則乙所作的虛偽的賣車的外部意思表示仍然無效。

第87條（通謀虛偽意思表示）
表意人與相對人通謀而為虛偽意思表示者，其意思表示無效。但不得以其無效對抗善意第三人。
虛偽意思表示，隱藏他項法律行為者，適用關於該項法律行為之規定。

解說

　　本條和前條都是有關虛偽意思表示的規定，不過前條所規定的是單獨的虛偽意思表示，虛偽（亦即內心效果意思和外部表示行為的不一致為表意人所明知，如果不明知，則是下一條錯誤的情形）的情形只存在表意人單方面，而本條是表意人和相對人通謀為虛偽意思表示之情形。

　　通謀虛偽意思表示的情形，例如，債務人甲為了逃避債務，與友人乙串通設定假的抵押債權，以使其他債權人無法獲得清償。通謀虛偽意思表示和前條但書「相對人明知」的情形不相同。前條但書的情形是相對人單純地知道表意人內心效果意思和外部表示行為不同；本條的情形是雙方不僅有認知，且

在事前即有通謀的合意。

如果是通謀虛偽意思表示，在當事人間該法律行為無效，例如前述甲乙之間假的抵押債權設定行為，該抵押債權無效。不過無效的結果，當事人並不能用來對抗善意第三人。例如前述甲乙二人設定假抵押債權之例，如果有善意第三人丙因為信賴該抵押權的設定而從乙處受讓該抵押權（民§870），則甲乙二人不能主張該抵押權係無效而對抗丙。

此外，本條第2項所規定的是所謂「隱藏行為」。隱藏行為是指表意人與相對人雖通謀為虛偽的意思表示，但其實雙方真正的意思是完成另外的法律行為。例如，A欲將房子贈與給B，但怕其他人說閒話，因此二人通謀以假買賣的方式來完成贈與的目的，此時該買賣行為雖然無效，但是所隱藏的贈與行為卻有效成立。

第88條（錯誤之意思表示）
意思表示之內容有錯誤，或表意人若知其事情即不為意思表示者，表意人得將其意思表示撤銷之。但以其錯誤或不知事情，非由表意人自己之過失者為限。
當事人之資格或物之性質，若交易上認為重要者，其錯誤，視為意思表示內容之錯誤。

解說

錯誤和前條的虛偽所不同者在於虛偽是表意人明知內心效果意思和外部表示行為的並不一致，而錯誤則是因為表意人認識不正確或欠缺認識，以至於內心效果意思和外部表示行為不

一致。

　　錯誤的型態可分為：(一)表示內容的錯誤，是指對意思表示內容的真正涵義有認知的錯誤，即本條第1項前段所稱「意思表示之內容有錯誤」；(二)表示行為的錯誤是指表意人對表示內容的涵義並無誤認，但在作表意的動作時產生了錯誤，即本條第1項後段所稱「若知其情事即不為意思表示」。

　　表示內容的錯誤，例如，將連帶保證債務（民§748）誤認為普通保證債務（民§739），或將除濕機誤以為冷氣機；表示行為的錯誤，例如，將3萬元誤寫為3,000元。

　　如果有錯誤的情事發生，而且該錯誤的產生表意人並沒有過失，則表意人可以將該錯誤的意思表示撤銷之。由此可知，錯誤和前二條的虛偽意思表示二者的法律效果不一樣，前二條的虛偽意思表示其法律效果是無效，也就是該虛偽意思表示自始即確定地不生效力；而本條錯誤的意思表示其法律效果是得撤銷，得撤銷的意思表示在尚未撤銷前仍然是有效的，但是在撤銷後則該意思表示即溯及於意思表示時無效，也就是在撤銷前該項意思表示仍然發生效力，但在撤銷後則跟無效的意思表示效果一樣，自始無效。

　　意思表示的錯誤限於內容的錯誤和表示行為的錯誤，至於動機的錯誤原則上不會影響意思表示的效力。動機和意思表示不一樣，動機是作意思表示的原因，例如在贈與金錢的情形，一樣是贈與的意思表示，可能有基於博取好感的動機，有基於友情的動機，有基於憐憫的動機，有基於資助的動機，林林總總，不一而足。

　　但本條第2項特別將交易上比較重要的二種動機錯誤，視為是意思表示內容的錯誤。這二種動機錯誤是「當事人資格」

以及「物之性質」的錯誤。當事人資格錯誤，例如，誤以為某人懂德文而聘用他擔任德文翻譯，或誤將農地認為建地，或誤將未成年人認為成年人。物之性質錯誤，例如，以涼風扇為冷氣機。

　　如果是這二種類型的動機錯誤，而該錯誤在交易上又具重要性者，則該動機之錯誤被視為是意思表示內容之錯誤，亦得撤銷之。

第89條（傳達錯誤）
意思表示，因傳達人或傳達機關傳達不實者，得比照前條之規定撤銷之。

解說

　　本條規定是「誤傳」的情形。前條的錯誤是表意人本人在意思表示過程中所發生的錯誤，本條則是代為傳達意思的傳達人或傳達機關在傳達過程中所發生的錯誤。實務上誤傳的情形，例如，甲託乙告訴丙願意將甲的汽車以30萬元賣給丙，乙傳話時卻傳成甲願意以20萬元將汽車賣給丙。

　　如果有誤傳的情形，表意人得比照前條之規定將意思表示撤銷。

第90條（撤銷錯誤表示之除斥期間）
前二條之撤銷權，自意思表示後，經過一年而消滅。

解說

因為錯誤的意思表示得由表意人將之撤銷，到底要不要撤銷在如果無時間限制的情況下，將會使該意思表示處於不安定的狀態，因此本條特設定一年的除斥期間，規定錯誤的意思表示在一年後就不能撤銷。

除斥期間和時效不同，可參見本法第125條的說明。

> **第91條**（錯誤表示人之賠償責任）
> 依第八十八條及第八十九條之規定撤銷意思表示時，表意人對於信其意思表示為有效而受損害之相對人或第三人，應負賠償責任。但其撤銷之原因，受害人明知或可得而知者，不在此限。

解說

表意人因錯誤而可以將意思表示撤銷，是本法保護表意人的特別規定，以避免表意人因為錯誤的意思表示而受到不必要的約束。可是一方面要保護表意人，一方面對於相對人的利益也不能不有所保護，本條即是規定表意人將意思表示撤銷之後，對於因而受損害之相對人或第三人，應負損害賠償責任。例如，甲誤以為乙懂德文而聘用為德文翻譯，而乙其實只懂英文，乙本身也誤以為是受聘擔任英文翻譯，此情形顯係錯誤的意思表示，如果乙為了擔任翻譯而去購買平常用不著的燕尾服，嗣後該聘用契約因錯誤而被甲撤銷時，該購買燕尾服所造成的損失，甲應負賠償法律。

不過表意人以錯誤為由而撤銷意思表示時，並不是所有情

形都必須負損害賠償責任，如果受害人明明知道錯誤的情形，或可得而知，受害人並不得請求賠償損害。

第92條（因被詐欺或被脅迫之意思表示）
因被詐欺或被脅迫而為意思表示者，表意人得撤銷其意思表示。但詐欺係由第三人所為者，以相對人明知其事實或可得而知者為限，始得撤銷之。
被詐欺而為之意思表示，其撤銷不得以之對抗善意第三人。

解說

　　在前述虛偽意思表示及錯誤的情形，表意人內心的效果意思和外部的表示行為不一致是因為表意人明知（虛偽意思表示）或表意人不知（錯誤），其不一致的原因是發生在表意人本身，但本條的詐欺和脅迫，內心的效果意思和外部的表示行為不一致是因為外力的因素，是因為第三人的行為所導致的。

　　詐欺是指故意以不實的事實欺騙表意人，使表意人發生錯誤因而作出和其原本內心效果意思不一樣的意思表示。例如，以假的古董偽裝成真古董誘使他人受騙而購買該假古董。

　　脅迫則係故意以危害之情形通知表意人，使表意人心裡發生恐慌而作出與表意人原本內心效果意思並不相同的意思表示。例如，以將對表意人的家人傷害的事由通知表意人，使表意人基於保護家人的心理而答應出賣房屋，該出賣房屋的意思表示就是受脅迫後所為的意思表示。脅迫的危害情形不只是針對表意人本身，對表意人本人或親友的生命、身體、財產或信用等不利的情形，也是脅迫的範圍。

　　如果意思表示是在詐欺或脅迫的情形下所為，表意人可以依本條的規定將意思表示撤銷。不過在詐欺的情形，如果詐欺是由第三人所作，例如，丙有一幅仿古國畫，甲欺騙乙說丙擁有的那一幅仿古國畫是古人真跡，乙因而誤以為該幅國畫真的是古人真跡而向丙購買該幅國畫，此時買賣雙方是乙和丙，但詐欺的情事是由相對人（丙）以外的第三人（甲）所為。依本條之規定，只有在相對人丙對於詐欺的情形係明知或可得而知，表意人才可以撤銷意思表示，如果相對人丙對於詐欺的情形並不知情，則表意人並不能撤銷意思表示。

　　此外，如果是因為被詐欺而為意思表示，則表意人不能夠以意思表示已經撤銷而對抗善意的第三人。例如，甲被乙詐欺而將汽車出賣給乙，乙又將汽車出賣給善意的丙，則縱使甲嗣後將出賣汽車給乙的意思表示撤銷，甲也不能對丙主張甲乙之間的汽車買賣契約已經撤銷而要求丙將汽車返還。

　　由上述可知，在脅迫的情形，因為表意人的自由意志受影響的情形比較嚴重，因此在脅迫是由第三人所為的情形時，表意人也可以撤銷；而且因為被脅迫而為意思表示時，撤銷意思表示的撤銷行為也可以用以對抗善意第三人。在這二點上因受脅迫和因被詐欺所為之撤銷有所不同。

第93條（撤銷被詐欺脅迫意思表示之除斥期間）
前條之撤銷，應於發見詐欺或脅迫終止後，一年內為之。但自意思表示後，經過十年，不得撤銷。

解說

被詐欺或被脅迫的意思表示雖然可以撤銷,但如果不限定時間,則到底表意人要不要撤銷將會處於不安定的狀態,因此本條特別規定撤銷的除斥期間。

本條除斥期間之計算方式有二種,一種是發現詐欺或脅迫終止後一年,另一種是意思表示後十年,如果其中任何一個除斥期間已經經過,就不能再行使撤銷權。例如,82年1月5日被詐欺而為意思表示,如果在84年2月4日發現,則到85年2月5日就不能再撤銷,因為發現被詐欺已經超過一年;而如果在91年11月2日才發現,則到了92年1月6日也不能再行使撤銷權,因為意思表示後已經超過十年了。

詐欺和脅迫的情形都是在意思表示後十年便不能再撤銷。但一年的除斥期間計算方式二者不同,在詐欺的情形是自發現詐欺起算,在脅迫的情形則自脅迫終止起算。這是因為在詐欺的情形可能被欺騙時並不知情(否則也不會被騙),至於脅迫,則表意人都知道被脅迫,不可能不知情,因此自脅迫行為終止時起算。

第94條(對話意思表示之生效時期)
對話人為意思表示者,其意思表示,以相對人了解時,發生效力。

解說

意思表示可分為有相對人的意思表示(大多數的意思表示是屬於這一類)和無相對人的意思表示(例如書立遺囑、拋

棄權利的行為）。無相對人的意思表示，在意思表示完成時即馬上發生效力；至於有相對人的意思表示則要看是對話人之間的意思表示，還是非對話人之間的意思表示而有不同的生效時點。

對話人和非對話人的區別標準在於表意人為意思表示後，相對人是否需要經過一定時間才能接收到意思表示，如果馬上就能接收到便是對話人，如果不能馬上接收到便是非對話人，至於表意人和相對人之間的空間距離以及是否以口頭或書面，則在所不問。例如面對面談話當然是對話人，即使以電話、旗語交換意思因為可以立即接收對方的意思，也屬於對話人。

依本條規定，對話人間的意思表示，以相對人瞭解時，意思表示發生效力。至於相對人是否瞭解，應該以通常的情形作合理的解釋，例如，相對人以手掩耳，或對聲啞人以口頭表示，對目盲者以文字表意，對不通外國文者以外國文表示，皆不能發生效力。

第95條（非對話意思表示之生效時期）
非對話而為意思表示者，其意思表示，以通知達到相對人時，發生效力。但撤回之通知，同時或先時到達者，不在此限。
表意人於發出通知後死亡或喪失行為能力或其行為能力受限制者，其意思表示，不因之失其效力。

解說

非對話人之間的意思表示何時生效有四種主義，以寄發存

證信函為例來說明這四種主義則為：(一)表示主義：以信函書寫完畢時為發生效力的時點；(二)發出主義：以信函發出時發生效力；(三)到達主義：信函達到相對人時發生效力；(四)瞭解主義：相對人瞭解信函內容時發生效力。

依本條之規定，非對話人之間的意思表示，以通知達到相對人時發生效力，也就是採取到達主義。

意思表示到達相對人後便不能再將意思表示撤回，但撤回之通知同時或先時到達的話，意思表示仍視為不生效力。例如，表意人以平信發出承租的通知後又以限時寄出撤回承租的意思表示，而撤回的意思表示比承租的意思表示先到或同時到達的話，則該承租的意思表示並不生效力。

又表意人在意思表示發出後死亡或喪失行為能力（例如，信發出後心神喪失而受監護宣告），該意思表示還是有效，不會因為死亡或喪失行為能力而受影響。

到達主義是原則性的規定，一般的意思表示原則上是在意思表示到達時發生效力，但法律如果有特別規定，則依其規定，例如，公司法第172條有關股份有限公司股東常會的召集通知是採發出主義，在該通知函發出的時候，就已經發生效力了。

第96條（向無行為能力人或限制行為能力人為意思表示之生效時期）

向無行為能力人或限制行為能力人為意思表示者，以其通知達到其法定代理人時，發生效力。

解說

依照本法第76條的規定，無行為能力人，由法定代理人代為及代受意思表示，依本法第77條之規定，限制行為能力人為意思表示及受意思表示，應得法定代理人之允許。因此對於限制行為能力人及無行為能力人而言，他們並沒有受領意思表示的能力，因此本條規定，如果要向無行為能力人或限制行為能力人為意思表示，以意思表示的通知達到該無行為能力人或限制行為能力人之法定代理人時發生效力。

第97條（公示送達）

表意人非因自己之過失，不知相對人之姓名、居所者，得依民事訴訟法公示送達之規定，以公示送達為意思表示之通知。

解說

本條是所謂公示送達的規定。公示送達是指將應送達的文書公示在一定的處所，經過一定的時間，縱使受送達人並沒有實際收到該文書，也會發生送達的效力。

公示送達的程序本法本身並未規定，而是準用民事訴訟法第149條至第153條之規定辦理。

什麼時候才可以公示送達？必須是表意人非因自己之過失，而不知相對人之姓名、居所時，才可以公示送達。例如，甲乙二人簽訂契約後，乙忽然遷往他處，不僅沒通知甲，也沒有到戶政機關去辦理遷移登記，甲遍尋乙卻無法尋獲，此時甲如果要通知或催告乙有關履行契約的事項，便可作公示送達的

方式為之。

第98條（意思表示之解釋）

解釋意思表示，應探求當事人之真意，不得拘泥於所用之辭句。

解說

　　意思表示一定須要經過解釋才能瞭解當事人真正的意思，因為當事人間也許對語言的運用有不同的習慣或不同的認知，例如「我給你打」，在習慣使用國語和習慣使用閩南語的人之間會有不同的認知，一般的語言如此，法律的用語更是如此。例如，在行政法上，「歇業」一詞指的是永久性的不再營業，而「停業」一詞指的是暫時的停止營業，這種法律用語和一般人觀念中的「歇業」、「停業」可能會有不同的認知。所以，意思表示一定要經過解釋。

　　依本條意思表示的解釋原則，解釋意思表示應該探求當事人之真意，不得拘泥於所使用之文字，而探求當事人真意除考慮當事人意思表示的目的及意思表示時當事人之間的特殊狀況外，也可以依習慣、誠信原則、法律等作為解釋的依據。實務上曾見的例子如雖使用「抵押」字眼，仍應判別究為典權抑或抵押權（28年院字第190號解釋）；名為質權，實為抵押權（28年上字第598號判例）；名為典權，實為抵押權（39年上字第1053號判例）；既明定為共同連帶保證人，不得認為一般保證人（39年台上字第1035號判決）；名為延滯利息穀，實為違約金（43年台上字第576號判例）；雖註明為「中獎即得

買回」，但是仍應該受中獎金額的限制（44年台上字第1103號
判決）；名為僱工請員契約，實為耕地租賃契約（50年台上字
第951號判決）；名為土地買賣預約書，實為本約（64年台上
字第167號判決）。

第四節　條件及期限

　　法律行為為原則上在當事人的意思表示符合成立要件及
生效要件後即發生效力，但當事人可以加註附款，使法律行為
效力的發生或消滅決定於某特定事實的發生與否。法律行為的
附款，除了本節所述的條件及期限之外，還有買回條款（民
§§379～383）、負擔（民§§412～414、1205）等。

第99條（附條件法律行為之效力）
附停止條件之法律行為，於條件成就時，發生效力。
附解除條件之法律行為，於條件成就時，失其效力。
依當事人之特約，使條件成就之效果，不於條件成就之時
發生者，依其特約。

解說

　　條件係指當事人以將來客觀上不確定的事實發生與否，作
為法律行為效力的發生或消滅的一種附款。
　　條件和期限最大的不同在於條件中所稱的事實將來不一定

會發生，如果法律行為附款中所稱的事實一定會發生，則該法律行為的附款是「期限」而不是「條件」。

條件的分類方式可分為：(一)停止條件和解除條件；(二)積極條件和消極條件；(三)隨意條件、偶成條件、混合條件；(四)表見條件。本條係就停止條件和解除條件的效果加以規定，至於其他條件則是學理上的分類，我們亦在本條說明中加以探討。

(一)停止條件和解除條件

停止條件是指法律行為的效力在該項條件成就時發生，而解除條件則是指法律行為的效力在該項條件成就時消滅。例如，甲和乙約定如果乙考上大學，甲要送乙一套書，「乙考上大學」便是一個停止條件；又例如，丙和丁約定丙每個月贈送丁5,000元作為獎學金，但如果丁的成績降到平均70分以下，丙就不再繼續贈送獎學金，「成績降到70分以下」就是解除條件。

(二)積極條件和消滅條件

積極條件是以一定事實的發生作為條件的內容，消極條件是以一定事實的不發生作為條件的內容。例如，約定考上高中就送一本書，「考上高中」就是積極條件；又例如，約定六個月不抽菸就送出國機票，「六個月不抽菸」就是消極條件。

(三)隨意條件、偶成條件、混合條件

隨意條件是指可以依當事人一方的意思決定條件是否成就，偶成條件是指條件的成就與否當事人無法依其意思加以決定。例如，約定如果出國就送一套衣服，出國與否當事人可以自由決定，所以是隨意條件；又例如，約定如果明天下雨就送

一件雨衣，下雨與否當事人並無法自行決定，必須視天氣條件而定，所以是偶成條件。至於混合條件則是混合當事人可決定和不能決定的因素所形成的條件，例如，張三和李四約定如果李四和王五結婚，張三就贈送一套沙發，當事人李四對於要結婚與否，固然可以決定，但是還要配合第三者王五想不想結婚的因素，所以是偶成條件。

(四)表見條件

表見條件是指外觀上似乎為條件，實際上並不是條件者，表見條件又稱非真實條件和假裝條件。表見條件有：

1.法定條件和不法條件：法定條件是法律本來就已經規定的條件，例如，在遺囑中訂定「本遺囑在本人死亡後發生效力」的條件，因為本來遺囑就是在立遺囑人死亡後才生效，因此該條件只是法定的條件，不能算是真正的條件。不法條件則是指條件的內容違法或違背公序良俗，例如，約定如果開設賭場，則資助50萬元，這種條件無疑是鼓勵犯罪，因此約定這種條件的法律行為是無效的。

2.不能條件和既成條件：不能條件是以事實上或法律上不可能成就的事作為條件內容，例如，約定「如果把天上的星星摘下來，我就嫁給你」，這種條件就是不能條件。既成條件是指將現實上已經發生的事實作為條件內容，例如，甲已經考上大學，乙和甲又約定如果甲考上大學，就贈與一套音響，這種就是既成條件。不能條件和既成條件的效力在日本的民法中有規定，學者及實務界均認為我國民法也應該作相同解釋，其效果為：停止條件為不能條件時，法律行為無效，解除條件為不能條件時，視為無條件；停止條件為既成條件時，視為無條件，解除條件為既成條件時，法律行為無效。

　　附條件的法律行為，原則上在條件成就時會發生該項條件所約定的效果，但當事人可以約定使該項效果不於條件成就時發生。例如，當事人可以約定在條件成就後三年發生效力，此時該條件的效果就依照其約定。

第100條（期待利益之保護）
附條件之法律行為當事人，於條件成否未定前，若有損害相對人因條件成就所應得利益之行為者，負賠償損害之責任。

解說

　　附條件的法律行為，因為條件是否成就誰都無法掌握，此時在當事人之間有一種期待權，這種期待權法律以本條及第101條加以保護。

　　本條是指對有期待權的人的期待利益加以損害所應負的損害賠償責任。例如，甲和乙約定如果乙能夠在五年內取得博士學位，就將某古董名畫賣給乙，此時乙對於該古董名畫有期待權。甲如果在乙還沒有取得學位前，就將該古董名畫焚毀，就必須對乙負擔損害賠償責任。

第101條（條件成就或不成就之擬制）
因條件成就而受不利益之當事人，如以不正當行為阻其條件之成就者，視為條件已成就。
因條件成就而受利益之當事人，如以不正當行為促其條件之成就者，視為條件不成就。

解說

本條也是對當事人期待權的保護規定。

當條件成就時會受到不利益的一方，如果以不正當的方法阻止條件的成就，為保護受利益的一方，本條擬制讓條件成就。例如，甲乙二人約定乙如果能夠在二天內完成環島旅行，就贈送5萬元，如果甲故意將乙的汽車破壞使之無法順利完成，則視為乙已經順利完成條件。

相對地，當條件成就時會受到利益的一方，如果以不正當的方式讓條件成就，本條擬制為條件不成就。例如，甲和乙約定乙如果和丙結婚，甲就贈送50萬元，乙雖然沒有和丙結婚的意思，為了取得這50萬元，故意和丙辦理假結婚，而後再離婚，這樣的情形就視為條件不成就，乙並不能因為有辦假結婚而取得該50萬元。

第102條（附期限法律行為之效力及期待利益之保護）
附始期之法律行為，於期限屆至時，發生效力。
附終期之法律行為，於期限屆滿時，失其效力。
第一百條之規定，於前二項情形準用之。

解說

本條是關於期限的規定。期限是由當事人約定，使法律行為的效力受到時間上的限制，使法律行為的發生或消滅在某一確定會發生的事實到來之後才產生其效果。

不過期限內容的事實雖然一定到來，但該事實何時會發生卻不一定確定。如果該事實到來的時點可以確定的就是「確定

期限」，例如，約定「自明年元月1日起買賣生效」；如果該事實到來的時點不能夠確定，就是「不確定期限」，例如，約定「某甲死亡時會致送奠儀5萬元」，某甲一定會死亡，但何時死亡就不能確定，因此是不確定期限。不確定期限和條件不一樣的是條件不一定會成就，可能永遠不會成就，但不確定期限卻一定會來到。

期限又可分始期和終期，始期是法律行為自該期限事實來到時發生效力，終期則是自該期限到來後失去效力。以租賃契約而言，約定「自民國85年1月1日至85年12月31日止」，1月1日是始期，12月31日便是終期。始期的效果類似於停止條件，終期則類似於解除條件。

附期限的法律行為中也有期待權的問題。但是和附條件的法律行為不一樣，條件的內容可能以不正當的手法讓其發生或不發生，但期限的內容一定會到來，不可能以不正當手法促使或阻止其發生。因此本條只規定準用本法第100條關於期待利益保護的規定，並不準用本法第101條擬制條件成就的規定。例如，甲乙二人約定自明年元月1日起將汽車讓乙無償使用二個月，但甲卻在今年底前將汽車賣給他人以至於乙無法使用汽車，如果因此而造成乙的期待權損失，甲應負損害賠償責任。

第五節　代　理

代理關係有二方面的關係：授權人（本人）、被授權人（代理人）以及第三人。而代理就是代理人在被授權的代理權

限範圍內以本人名義所為或所受的意思表示，直接對本人發生效力，而不對代理人發生效力。例如，甲（本人）授權乙（代理人）代理甲去和丙（第三人）簽訂一個房屋買賣契約，則該買賣契約上的效力是發生在甲和丙之間，而不是在乙和丙之間。

代理人可以代理的是法律行為中的財產行為，至於身分行為則除了某些法律特別允許的例外規定之外，原則上不得代理。

此外，事實行為（不以意思表示為要素的行為，例如占有、遺失物的拾得等）以及不法的侵權行為及犯罪行為，也不許代理。

有一些和代理類似但其實並不相同的制度，茲說明如下：

(一)使者

使者是代本人傳達本人已經決定的意思，例如，代為送達書信電報，或代傳口信。使者只是將本人已決定的意思內容傳達給相對人而已，至於代理則代理人只要在授權範圍內，可以自行決定以何種表達內容而且必須自己決定如何表達。例如，甲叫乙去向丙表示願意以50萬元購買丙的車，則乙是使者，但如果甲授權乙在50萬元以內去和丙商談車子的買賣事宜，則乙便是代理人。因此使者不一定要有行為能力（因為不須決定意思表示的內容）；意思表示有無錯誤、詐欺、脅迫等情事，在使用使者時，是以本人有無該些情形決定，而不是以使者有無該些情形決定；而且某些法律上不允許代理的行為（例如身分行為），仍得以使者為之。

(二)代表

代表是法人中不可缺的制度。代表（例如公司中的董事長）是法人中的一部分，至於代理人和本人之間則是二個權利主體間的關係。一個是一部與全部的關係，一個是二個不同的主體間的關係。

(三)間接代理

代理是代理人以本人名義為法律行為，間接代理則是間接代理人以其自己的名義為法律行為，只是該法律行為是為了本人的利益所為，最後的經濟上利益或損失也歸本人享有。間接代理最典型的是行紀（民§§576～588）。

(四)代位權

代位權是指債權人於債務人怠於行使其對第三人的權利時，債權人為保全其本身的債權，可以代位行使該債務人對第三人的權利（民§242）。代位權人所行使的是債務人的權利，不過是債權人為了自己的利益以自己的名義行使權利。此點和代理人（被授權人）是以本人（授權人）的名義代為或代受意思表示並不相同。

(五)信託行為

信託是指信託人與受託人間，經由信託契約授與受託人一定地位並移轉一定財產給受託人，而受託人得以自己之名義為信託人的利益管理及處分該財產。信託是受託人以自己名義管理處分財產，和代理是以本人（授權人）名義代為及代受意思表示者不同。

我國民法將有關代理的規定分別規定在本法總則編（民§§103～110）及債編（民§§167～171）中，如此的立法方

式，學者多認為有欠完整性，有待將來修法更正，不過既然立法方式如此，要瞭解代理制度，仍須參酌總則和債編中有關代理的條文，不可偏廢。

第103條（代理行為之要件及效力）
代理人於代理權限內，以本人名義所為之意思表示，直接對本人發生效力。
前項規定，於應向本人為意思表示，而向其代理人為之者，準用之。

解說

代理的功能在於代理人代為或代受意思表示時，該意思表示直接對本人發生效力。例如，甲授權乙作其代理人去購買汽車，此時乙和他人簽訂的汽車買賣，直接對甲發生效力，他人關於該買賣契約對乙為通知，亦等於是對甲通知，對甲產生拘束力。

在學理上代理人基於主動地位代為意思表示的稱為「積極代理」，即本條第1項之情形；代理人基於被動地位代受意思表示的稱為「消極代理」，即本條第2項的情形。

第104條（代理人之能力）
代理人所為或所受意思表示之效力，不因其為限制行為能力人而受影響。

解說

代理制度的功能是使本人可以不親自處理事務而仍然可以獲致代理人所代理之事務的成果,如果本人(授權人)願意以限制行為能力人作為其代理人,則並無禁止的道理。因為限制行為能力制度的目的是要保護未成年人,恐怕其因意思能力不夠完整而受到不利益,但代理人並不因取得代理人資格而享受權利或負擔義務,因此對限制行為能力人並無不利影響。至於本人為何找一個未有完全行為能力的人作為其代理人,自有其本身的利益衡量,法律也不必過度介入。因此本條規定代理人可以為限制行為能力人,其所為或所受意思表示不因此而受影響。

限制行為能力人可以當代理人,但無行為能力人則不能當代理人。

而且,本條的規定只有在意定代理人(由本人意思決定要不要使用代理人者)有其適用,至於法定代理(由法律規定一定要由代理人代理者,如父母的法定代理權)因為其目的在保護無行為能力人及限制行為能力人,因此法定代理人一定要有完全行為能力。

第105條(代理人意思表示之瑕疵)

代理人之意思表示,因其意思欠缺、被詐欺、被脅迫,或明知其事情或可得而知其事情,致其效力受影響時,其事實之有無,應就代理人決之。但代理人之代理權係以法律行為授與者,其意思表示,如依照本人所指示之意思而為時,其事實之有無,應就本人決之。

解說

在代理的行為當中，雖然法律行為的效果歸屬於本人（授權人），但是實際上和第三者接觸為意思表示或受意思表示的卻是代理人，因此在代理行為當中，如果因意思表示欠缺（虛偽意思表示、錯誤、心中保留等），或有被詐欺被脅迫的情形，以至於法律行為的效力受影響時，到底有沒有該些事實，應就代理人觀察，而非就本人觀察。例如，甲授權乙去和丙簽訂買賣契約，因為實際去和丙商談的是乙，因此如果有脅迫的情形發生，是看乙有沒有受到脅迫，而不是看甲有沒有受到脅迫。

本條但書是指如果代理權是以法律行為授與的（也就是意定代理的情形），且代理人是依照本人的指示為意思表示，則決定有無意思表示不一致或虛偽、詐欺、脅迫等情事，取決於本人。因為既然代理人完全依照本人的指示為意思表示，則應該看本人的意思（即本人的指示）有無瑕疵，而非代理人的意思表示有無瑕疵。

第106條（自己代理及雙方代理之禁止）
代理人非經本人之許諾，不得為本人與自己之法律行為，亦不得既為第三人之代理人，而為本人與第三人之法律行為。但其法律行為，係專履行債務者，不在此限。

解說

代理的關係原則上是由本人、代理人、第三人三方面的相對關係所構成，如果並沒有三方面的相互關係，則不是真正的

代理，且容易有弊端，因此本條規定原則上禁止自己代理及雙方代理。

自己代理是代理人自己要和本人（授權人）為法律行為，而自己又是代理人，如此等於是自己對自己為法律行為。例如，甲要向乙買房子，甲又授權乙為其代理人，如此等於是乙向乙自己作意思表示，此時乙難免會偏袒自己，因此原則上自己代理是禁止的。

雙方代理是既為第三人的代理人，又是本人的代理人，例如，甲要向乙購買汽車，甲委託丙為代理人，乙也委託丙為代理人，此時也等於丙自己向自己為意思表示，也容易有弊端產生。

自己代理和雙方代理原則上是禁止，但有二個例外：(一)經本人許諾者：既然本人明知有自己代理和雙方代理的情形，又甘冒其危險，沒有不允許作的道理；(二)專為履行債務的情形：清償債務並不會產生新的法律關係，也比較不會有弊端產生，為求迅速解決債務，因此例外允許自己代理或雙方代理。

第107條（代理權之限制及撤回之效力）
代理權之限制及撤回，不得以之對抗善意第三人。但第三人因過失而不知其事實者，不在此限。

解說

本條所規定的是「表見代理」的情形。表見代理有二種情形，一種規定在本法第169條，另一種規定在本條。表見代理本質上仍然是無權代理（民§110）的一種，但為了保護交易

的安全，因此仍然要求本人負擔授權人的責任。

本條所規定的表見代理是對於代理權的撤回或限制，不得對抗善意（即不知情）的第三人。例如，甲原本授權乙代理甲去和丙商談房屋買賣之事，商談至一半，甲將代理權撤回或者限制乙商談的條件，此時如果丙並不知道乙的代理權已有變化而繼續和乙訂立買賣契約，則甲還是要負授權人的責任，乙所簽訂的買賣契約對甲仍然有拘束力。

不過本條但書又規定，如果第三人是因過失而不知代理權有變化時，則本人（授權人）還是不必負責。例如在上例中，如果甲曾以存證信函通知丙，但丙自己卻不細看存證信函的內容以至於誤為乙還有代理權，此時甲還是不必負責。

本條所保護的是善意（不知情）的第三人，如果第三人明知代理權已經被撤回或限制時，則本人（授權人）並不必負擔授權人的責任。

第108條（代理權之消滅與撤回）
代理權之消滅，依其所由授與之法律關係定之。
代理權，得於其所由授與之法律關係存續中撤回之。但依該法律關係之性質不得撤回者，不在此限。

解說

通常代理權的授與都會有一個基本的法律關係，例如，因委任、僱傭、承攬而授與代理權，這就是本條所謂「所由授與的法律關係」。代理權是否消滅，原則上是依該基本的法律關係決定，例如，甲原本擔任公司的採購經理，其對於採購的事

項自然有代理權，其後甲被調任會計經理，其對於採購事務就不再有代理權了；或者甲離職後，其代理權自然就消滅。

不過即使在基本關係存續中，也可以將代理權撤回，例如在上例中，甲擔任採購經理職務中，公司也可以撤回甲的代理權，改由其他經理代理。但法律性質如果不允許撤回者，則不能撤回，例如，總經理是公司所有事務的總管，如果撤回其代理權，無異剝奪其總經理職務。因此除非免除其職務，否則不得剝奪總經理的所有代理權。

第109條（代理權消滅對於當事人間之效果）
代理權消滅或撤回時，代理人須將授權書交還於授權者，不得留置。

解說

代理權的授與並不一定要有授權書，但如果有授權書時，則在代理權消滅或撤回時，必須將授權書繳回，以免第三人產生誤解而滋生交易上的困擾。

代理人如果拒不交還授權書，並不表示仍有代理權，此時本人也可以起訴請求代理人返還授權書。

第110條（無權代理人之無過失責任）
無代理權人，以他人之代理人名義所為之法律行為，對於善意之相對人，負損害賠償之責。

解說

　　無代理權人（未經授權之人）以代理人名義所作的行為，對於本人並不生效（民§170），除非經過本人事後的承認。

　　如果本人並不承認，對於不知情（不知代理人其實並沒有獲得授權）的第三人可能產生損害，例如，乙未取得甲的授權，卻以甲的名義向丙借款，此時如果甲不承認該借錢的行為，則丙對於甲無法主張有借錢行為，如果因此而造成丙的任何損失（例如利息或無法追討），乙因為是無權代理，對於其損害都必須要負責。

第六節　無效及撤銷

　　法律行為如果完全符合法律所規定的要件，基於私法自治的原理，該法律行為可以發生行為當事人所欲產生的法律效果，這些行為就是「完全的法律行為」；反之，如果不完全符合法律所規定的要件，例如，意思表示有瑕疵，違反強行規定或者有背於公序良俗時，則該些行為並不會發生當事人所欲產生的法律效果，這些行為就是「不完全的法律行為」。不完全的法律行為依照其違背法律要件程度的不同可再分為三種：違背程度最嚴重的成為無效的法律行為，次嚴重的成為得撤銷的法律行為，更輕微的成為效力未定的法律行為。

　　無效的法律行為係自始即確定當然的無效，從法律的角度觀察，無效的法律行為，就好像從來沒有發生過該法律行為

一樣。得撤銷的法律行為則是在未撤銷前是有效的，但是在撤銷後則該法律行為就跟無效的行為一樣，也跟沒有發生過該法律行為一樣。撤銷有一定的期限，過了期限之後，該法律行為就確定有效，不得再撤銷。效力未定的法律行為在有承認權人承認以前，該法律行為究為有效抑或無效尚未確定，如果有承認權人承認該行為，則該行為確定有效，如果有承認權人拒絕承認該行為，則該行為確定無效。關於不完全的法律行為，其要件及究竟何種情況屬於不完全的法律行為，散見於本法各章節，本節僅就不完全法律行為的效果規定之。

第111條（法律行為一部無效之效力）
法律行為之一部分無效者，全部皆為無效。但除去該部分亦可成立者，則其他部分，仍為有效。

解說

　　法律行為的內容全部欠缺生效要件的話，稱為全部無效的法律行為，如果只有內容中的一部分欠缺生效要件，則稱為一部無效的法律行為。

　　為了維持法律行為的完整性及一致性，本條規定法律行為為其中一部分無效的話，全部皆為無效，不過本條但書也規定如果該一部分無效不至於影響其他部分效力，則其他部分仍為有效。因此到底無效部分會不會使得全部法律行為變為無效，就須考慮到底該無效部分是否具有可分性以及該無效部分是否其有影響全部行為的效果。例如，公司法規定股份有限公司設立應有二人以上的發起人，一位完全行為能力人與一位受監護

宣告人共同發起設立股份有限公司，因為受監護宣告人不得為發起人，因此發起設立股份有限公司無效；但是若二位完全行為能力人與一位受監護宣告人共同發起設立股份有限公司，雖然受監護宣告人不得為發起人，但仍有二位完全行為能力人為發起人，除去受監護宣告人的發起設立，這個發起設立行為仍然有效。

第112條（無效行為之轉換）
無效之法律行為，若具備他法律行為之要件，並因其情形，可認當事人若知其無效，即欲為他法律行為者，其他法律行為，仍為有效。

解說

　　無效的法律行為是不完全的法律行為中效果最嚴重的。依私法自治的原則，如果無效的法律行為具備了其他法律行為的要件，而且依情形可認為當事人若知道有無效的情形，當事人將會作該其他法律行為，則應該使該具備要件的其他法律行為生效，以免當事人還要再重新作一次符合要件的行為，徒然浪費時間和精力。

　　例如，互易的行為必須以物易物才會成立（民§398），但如果當事人的一方係以現金交易以至於不符合「以物易物」的要件，而成為「以錢易物」，此時雖然不能成立互易，但其要件卻符合買賣（民§345）的規定，此時如果依情形可認為當事人若知道互易不成立便要進行買賣，依本條的規定，則雖然互易契約未成立，買賣契約仍可以成立。

第113條（無效行為當事人之責任）
無效法律行為之當事人，於行為當時知其無效，或可得而知者，應負回復原狀或損害賠償之責任。

解說

　　無效的法律行為如果當事人在為該行為時並不知道該行為是無效的，對該法律行為固然不必負任何責任。但如果明明知道（惡意）或可以預見到（善意而有過失）該法律行為是無效，卻仍然一意孤行，作了該無效的法律行為，以至於造成了其他人的損害，則對於這些損害，應負損害賠償的責任。例如，甲明明知道某件古董已經滅失，卻仍和乙簽訂該古董的買賣契約，乙也因為準備放置該古董而以3萬元支付訂金購置了專門置放該古董的恆溫設備，則該古董買賣契約雖因給付不能而無效（民§246），乙不需該恆溫設備，訂金被沒收。但因為甲明知其無效的事實，因此對於乙因恆溫設備訂金被沒收造成的3萬元損害，甲應該負損害賠償責任。

第114條（撤銷之自始無效）
法律行為經撤銷者，視為自始無效。
當事人知其得撤銷或可得而知者，其法律行為撤銷時，準用前條之規定。

解說

　　無效的法律行為是自始確定無效的，也就是和自始沒有發

生該法律行為一樣。至於得撤銷的法律行為則是在撤銷前是有效的（但因為是得撤銷的行為，所以在撤銷權未行使前，實際上是處於一個有效與否並未確定的狀態），不過在撤銷之後，則視為自始無效。

例如，甲脅迫乙訂定買賣契約，則乙可以以受脅迫為理由，於脅迫終止後一年內將該法律行為撤銷（民§93）。假如該脅迫行為在民國80年3月2日終止，則乙在81年3月2日前都可以將該買賣行為撤銷。如果乙一直未將該行為撤銷，則過了81年3月2日，乙就不能再撤銷，該法律行為也就確定有效，不會再被撤銷了。如果乙是在80年6月3日將該法律行為撤銷，則該撤銷是在一年內所為，因此撤銷是成立的，這時候法律行為並不是從80年6月3日才無效，而是被視為自始從80年3月2日就無效了，其結果和無效的法律行為是一樣的。

本法第113條是對於無效法律行為所規定的賠償責任，如果法律行為的當事人知道有撤銷的情事或可得而知，則對於因為撤銷行為所產生的損害，必須準用前條（民§113）的規定負擔損害賠償責任。

第115條（承認之溯及效力）
經承認之法律行為，如無特別訂定，溯及為法律行為時發生效力。

解說

不完全的法律行為除了無效和得撤銷的法律行為之外，還有效力未定的法律行為。效力未定的法律行為本身到底發生法

律效力與否並不確定，必須要第三人行為的介入才能確定。效力未定的法律行為又可分兩種：(一)須得第三人同意的行為；(二)無權處分的行為。無權處分行為規定在本法第118條，須得第三人同意之行為，則散見本法各個條文。

在法律條文中，如果使用「允許」是表示事前的同意，「承認」則表示事後的同意，「同意」則包括事前的允許和事後的承認。

效力未定的法律行為經為承認之後，則溯及於法律行為當時即發生效力。例如，未成年人未得法定代理人允許所為的買賣行為，是效力未定的法律行為（民§79）。如果法定代理人拒絕承認，則該買賣行為確定不生效，但如果法定代理人加以承認，則該買賣行為溯及到買賣契約成立當時就發生效力，其效果就跟自始有效的法律行為是一樣的。

第116條（撤銷及承認之方法）
撤銷及承認，應以意思表示為之。
如相對人確定者，前項意思表示，應向相對人為之。

解說

撤銷及承認，本身也是一種意思表示，因此本條規定必須以意思表示的方式為之（民§§86～98）。

如果撤銷及承認的對象（相對人）是確定，則撤銷及承認的意思表示，必須向該相對人為之，例如，乙受甲的脅迫所為的法律行為，其撤銷方式應該是由乙向甲為之，但如果撤銷的相對人是不確定的，就無法向所謂相對人為撤銷的意思表示，

例如，懸賞廣告的撤銷（民§165），只須將該懸賞廣告撤銷即可，並不須向特定人為之。

第117條（第三人同意或拒絕之方法）
法律行為須得第三人之同意始生效力者，其同意或拒絕，得向當事人之一方為之。

解說

　　法律行為必須得第三人同意才發生效力，該第三人的同意或拒絕本身也是一種意思表示，而且是有相對人的意思表示。本條規定該同意或拒絕的意思表示，可以向當事人其中一方為之，不需要向當事人雙方為之。例如，未成年的甲想要和成年的乙結婚，因為甲未成年，因此必須得到其法定代理人同意，此時法定代理人同意權的行使可以向甲或乙其中任何一人為之。

第118條（無權處分行為）
無權利人就權利標的物所為之處分，經有權利人之承認始生效力。
無權利人就權利標的物為處分後，取得其權利者，其處分自始有效。但原權利人或第三人已取得之利益，不因此而受影響。
前項情形，若數處分相牴觸時，以其最初之處分為有效。

解說

本條係對於無權處分行為的規定。無權處分係指無處分權人以自己名義而對他人權利標的物所為的處分。所謂「處分」係指直接以權利的發生、移轉、變更、消滅為內容的處分行為，例如移轉所有權、設定抵押權等行為。至於債權行為，只是使特定人負擔債務而已，並沒有使權利發生變動，則並不適用無權處分的規定。

無權處分必須經過有權處分的權利人的承認，該處分行為才會發生效力。例如，甲將其名畫交給乙保管，乙未經甲同意就將該名畫的所有權移轉給丙，這時因為乙並不是畫的所有人，並無權將名畫所有權移轉，因此該移轉所有權的行為是無權處分行為，並不生效力，除非經過甲的同意。

如果無權處分人在為無權處分的行為後取得處分權，例如在上例中乙為無權處分的行為後，甲將所有權讓給乙，則乙成為有處分權人，乙先前所作的處分行為就自始有效。不過在這種情形下，原權利人甲或第三人所已取得的利益，並不因此而受影響。

如果數個處分行為有牴觸時，以最初的處分行為為有效。例如，上例中乙將名畫移轉給丙後，乙又將名畫移轉給丁，則以較先發生的移轉給丙的行為為有效。

第五章

期日及期間

　　期日是指在法律上不可再分割或視為不可分的某一時間上的點，例如某年某月某日，或者某日下午3時，均是期日；至於期間則是確定或可得確定的一定範圍內的時間，例如自1月1日至6月30日，或者自某日起三年。以比較現實的比喻而言，期日是時間上的「點」，期間則是時間上的「線」。

第119條（本章之適用範圍）

法令、審判或法律行為所定之期日及期間，除有特別訂定外，其計算依本章之規定。

解說

　　本法在本章對於期日及期間的計算所作的統一標準計算方式，其目的是在求法律效力的統一性與確定性，因此不只是本法中有關期日及期間的規定適用本章所規定的計算方式，即使在其他法令中有關期日或期間的規定，除非是另外有規定其他的計算方式，否則也是適用本章的規定來計算期日與期間。而且不只是法令，在審判上或法律行為中如果有關於期日及期間的規定，其計算方式也是依本章的規定。

　　至於所謂有特別規定者，例如，中央法規標準法第13條：「法規明定自公布或發布日施行者，自公布或發布之日起算至第三日起發生效力。」這就沒有本法中始日不計入（民§120）的適用。因此如果某法律是3月4日公布，且規定自公布日起施行，則該法規是自3月6日發生效力，這和本法規定的計算方式並不一樣。

第120條（期間之起算點）
以時定期間者，即時起算。
以日、星期、月或年定期間者，其始日不算入。

解說

　　期間是時間的線，到底期間延續多長，其決定方式可以有多種，可以時為單位決定，也可以日、週、月、年為單位決定期間的長短。期間既然是從其一時點至另一時點的時間的延續，則一定有起始點和終止點，本條係關於期間起始點的起算方式。

(一)以時定期間者，即時起算

　　例如，約定上午9時起八個小時，則從9時0分起算八個小時至4時59分終了為期間的終點。本法對於以分、秒定期間者應如何起算並未有明文規定，解釋上應準用以時定期間的起算方式，所以也是即時起算。

(二)以日、週、月、年定期間者，其始日不算入

　　例如，約定8月3日起十天內必須清償，則8月3日當天並不

計算進去，是從8月4日起算。這是因為法律行為極少在當天的
開始便為之，則始日當天必定不滿二十四小時，並無法完全利
用，為了公平起見，始日當天不計算進去，而從次日起算。

第121條（期間之終止點）
**以日、星期、月或年定期間者，以期間末日之終止，為期
間之終止。**
**期間不以星期、月或年之始日起算者，以最後之星期、月
或年與起算日相當日之前一日，為期間之末日。但以月或
年定期間，於最後之月，無相當日者，以其月之末日，為
期間之末日。**

解說

　　期間的終止點如果是以日、週、月或年定期間，則是最末
日的終止，為期間的終止，亦即以該日的最後一秒結束作為期
間的終止。

　　期間如果是以週、月或年的始日起算就比較單純，例
如，從星期日起算的一週，則是到星期六結束時為終止點；3
月1日起算的一個月則是到3月31日結束時為終止點；從1月1日
起算的一年，則是到12月31日結束時為終止點。

　　如果期間的起算點不是週、月或年的始日，則依本條之規
定，其期間的計算方式是以最後之週、月或年，與起算日相當
日之前一日，為期間之末日。例如，約定自4月5日起二個月還
錢，則應該自4月6日起算（民§120），二個月後與4月6日相
當之日為6月6日，6月6日的前一日是6月5日，因此是以6月5日

結束的時點為期間的終止。又如約定自83年4月7日起十年內還錢，則起算日為83年4月8日，十年後的相當日是93年4月8日，其前一日是93年4月7日，因此93年4月7日結束之時就是期間的終止點。

如果最後的那一個月沒有相當日者，則以該月的末日為期間的末日，例如，約定從1月30日起三個月內還錢，則應自1月31日起算，三個月後的相當日本來應該是4月31日，但4月只有三十日，因此就以4月30日為期間的末日。

這種期間的計算方式不只是順算時有用，期間逆算時也有適用。例如，股份有限公司股東常會應該在二十日前通知各股東（公§172），如果股東常會要在6月7日上午10時召開，則6月7日為始日，當日不算入，要從6月6日往前算二十日，則應該是5月18日，所以股東會應該是在5月17日結束之前通知各股東。

第122條（期間終止點之延長）
於一定期日或期間內，應為意思表示或給付者，其期日或其期間之末日，為星期日、紀念日或其他休息日時，以其休息日之次日代之。

解說

如果期日或期間的最後一天是星期日、紀念日或其他休息日，因為休息日一般人都不工作，要在當天為意思表示，有其實際上的困難，為了保護當事人的權益不至於因此而無端受損，本條規定期日或期間的末日順延至次日，如果次日仍然是

休息日，則順延至第一個工作日為期日或期間之末日。例如，原本期間的最後一天是10月10日星期六，則因為10月10日是國定假日與休息日，因此期間順延，如果次日剛好又是星期日，則又順延，因此星期一就成為該期間之末日。

第123條（曆法及自然計算法）

稱月或年者，依曆計算。

月或年非連續計算者，每月為三十日，每年為三百六十五日。

解說

　　期間的計算方法有二種方式，本條第1項規定的是曆法計算法，第2項規定的是自然計算法。

　　(一)曆法計算法是依照曆法來計算的，月是指每月的1日至該月的末日，年是指1月1日至12月31日。依照曆法計算法，一樣是一個月，卻因有大小月之分以至於期間長短會不一樣。

　　依照曆法計算法，週是指星期一至星期日。日是指午夜0時至24時。

　　(二)自然計算法是依照時間的單位來計算的，依這種計算方式，一日為二十四小時，一週為七日，一月為三十日，一年為三百六十五日。自然計算法是在非連續計算時使用的，例如，約定甲必須在一年內為乙工作一個月的日數，此時的一個月便是指三十日，甲只要在一年內為乙工作的日數累計達三十日，便算盡了義務。

第124條（年齡之計算法）

年齡自出生之日起算。

出生之月、日無從確定時，推定其為七月一日出生。知其出生之月，而不知出生之日者，推定其為該月十五日出生。

解說

　　年齡的計算在民間有二種計算方式，一種是虛歲的計算方式，即出生當年為1歲，過年之後為2歲；另一種是足歲計算方式，自出生日起算滿1年為1歲。我國民法的計算方式是採足歲計算方式，且是自出生之日起算，不適用「始日不算入」的規定。

　　本條規定的年齡計算方式不只在本法中有關行為能力、結婚能力、遺囑能力的規定上有其適用，在刑法上的刑事責任能力，以及公法上的選舉被選舉權、兵役年齡，也有其適用。

　　出生的日期既然關係著年齡的計算，自然相當重要，如果因故不知道確切的出生日，依本條的規定，推定是7月1日出生，如果知道出生的月分而不知是哪一天出生，則推定是該月15日出生。

第六章
消滅時效

　　時效係指一定的事實狀態存續經過一定期間，而發生取得權利或請求權消滅的制度。因一定事實存續而取得權利者稱為「取得時效」，規定在本法物權編（民§§768～770）；因一定事實存續而使請求權消滅的稱為「消滅時效」，此即本章所規定的制度。

　　消滅時效的制度主要在：(一)尊重既成事實的秩序，維護社會交易及其他法律關係的安全：特定的事實狀態如已經過長久時間，則在社會中已產生相當之信賴，此時不易且不宜將此狀態根本推翻，以免危及已趨平衡的新秩序；(二)簡化法律關係，避免舉證困難：權利人若長久不行使權利，舉證必日益困難，一旦涉訟，亦將使官司懸而未決，以時效制度來明確劃分權利義務關係，當可減少紛爭；(三)在權利上睡眠者，法律並無優予保護之必要。

　　此外，在法律上有一種和消滅時效性質上類似的制度叫作「除斥期間」。除斥期間是法律對某種權利所設定的行使期間，若不在該期間內行使特定權利，則不能再行使該權利。消滅時效和除斥期間的差別如下：

　　(一)消滅時效適用於請求權，除斥則適用於形成權。

　　(二)消滅時效有中斷（民§§129～138）及不完成（民

§§139～143），除斥期間無所謂中斷或不完成。

(三)消滅時效自請求權可以行使時起算，以不行為為目的之請求權，自為行為時起算；除斥期間則自權利成立時起算。

(四)消滅時效必須經當事人援用作為訴訟上的抗辯，法院才能以之作為判斷依據；除斥期間則縱使當事人不援用，法院也可以援引為判斷的依據。

第125條（一般消滅時效期）
請求權，因十五年間不行使而消滅。但法律所定期間較短者，依其規定。

解說

本條所規定的為一般的消滅時效，其期間為十五年，如果其他法律有規定較短的時效，則依其規定。因此可以知道時效最長的就是十五年，沒有比十五年還長的消滅時效。

另外由本條規定也可以知道消滅時效僅適用於請求權，至於支配權、形成權、抗辯權則沒有消滅時效的適用。

所謂請求權，包括債權請求權和物權上的請求權，不過為了貫徹土地登記制度的絕對效力，已登記不動產的所有物返還請求權及除去妨害請求權，並不會因時效而消滅（54年釋字第107號及69年釋字第164號解釋）。

而且消滅時效只適用於財產法，對於身分權並無適用餘地。不過身分權所衍生出的請求權有純粹身分上的請求權和財產上的請求權，純粹身分上的請求權固然不會因時效而消滅，但身分關係上的財產請求權，仍有時效的適用。

第126條（五年短期消滅時效期間）
利息、紅利、租金、贍養費、退職金及其他一年或不及一年之定期給付債權，其各期給付請求權，因五年間不行使而消滅。

解說

　　本條為有關定期給付債權的消滅時效，期間為五年。

　　依本條之規定，如果是利息、紅利、租金、贍養費、退職金，無論其各期給付期間的長短，均有本條消滅時效的適用。如果是其他定期給付債權，則必須其給付期間的間隔是一年或一年以下，才有本條規定的適用。

第127條（二年短期消滅時效期間）
左列各款請求權，因二年間不行使而消滅：
一、旅店、飲食店及娛樂場之住宿費、飲食費、座費、消費物之代價及其墊款。
二、運送費及運送人所墊之款。
三、以租賃動產為營業者之租價。
四、醫生、藥師、看護生之診費、藥費、報酬及其墊款。
五、律師、會計師、公證人之報酬及其墊款。
六、律師、會計師、公證人所收當事人物件之交還。
七、技師、承攬人之報酬及其墊款。
八、商人、製造人、手工業人所供給之商品及產物之代價。

解說

本條也是短期時效的規定，其期間為二年。

須注意的是，第3款之規定僅適用於以租賃動產為業者，如果並非以租賃為業，或所租者並非動產，則無本條的適用；另外，第8款之規定僅適用於商人供給貨物的代價，至於買受人方面的交貨請求權，則適用於本法第125條十五年的時效。

第128條（消滅時效之起算點）

消滅時效，自請求權可行使時起算。以不行為為目的之請求權，自為行為時起算。

解說

既然時效是以一定期間之經過來確定法律狀態，則何時開始計算時效非常重要，本條是關於時效起算點的規定。本條前段是適用於以作為為目的的請求權時效，本條後段則是適用於以不作為為目的的請求權時效。

(一)以作為為目的的請求權時效，自請求權可以行使時起算

例如，乙向甲借錢，借錢時間是80年4月1日，約定乙必須在82年4月1日還錢，則甲向乙請求償還借貸的請求權時效是從82年4月1日起算，而不是自80年4月1日起算。因為在82年4月1日前，甲並不能向乙請求償還借款。

(二)以不作為為目的的請求權，自為行為時起算

例如，甲乙二人約定乙不能在自己的土地上設置擴音器以免影響甲的安寧，乙如果違約設置擴音器，甲可以請求乙拆

除，該請求拆除的請求權時效，是從乙設置擴音器時起算。

第129條（消滅時效中斷之事由）
消滅時效，因左列事由而中斷：
一、請求。
二、承認。
三、起訴。
左列事項，與起訴有同一效力：
一、依督促程序，聲請發支付命令。
二、聲請調解或提付仲裁。
三、申報和解債權或破產債權。
四、告知訴訟。
五、開始執行行為或聲請強制執行。

解說

本條開始至第138條，是關於時效中斷的規定。所謂消滅時效的中斷，是指時效的事實狀態繼續進行中，發生不宜使時效進行的事由，致使已經進行的時效歸於無效，並從中斷事由終結後重新起算時效的一種制度。

依本條的規定，消滅時效的中斷事由有三種：(一)請求；(二)承認；(三)起訴。此外有一些事由本身雖然不是起訴，但因為權利人已經有行使權利的動作，因此被認為和起訴有相同的效力，也是消滅時效中斷的事由。

(一)請求

本條所稱的請求，是指權利人在訴訟程序之外，直接向義務人要求實現權利內容的意思通知。例如，債權人請求債務人清償借款，或者如出租人向承租人請求給付租金。請求並無一定方式，無論明示或默示、書面或口頭，均可發生請求的效果。但如果是利用訴訟程序請求義務人履行，則是屬於本條第1項第3款「起訴」的情形，並非本款的請求。

(二)承認

承認是義務人向權利人表示認識權利存在的觀念通知。例如，債務人向債權人表示積欠多年的借款再寬延一段時間再清償就是承認借款債權的存在。承認也是用明示或默示、書面或口頭的方式均可以表示。

(三)起訴

起訴是指權利人以訴訟的方式主張權利的行為。本條所謂訴訟，係專指民事訴訟而言，至於刑事訴訟及行政訴訟（包括訴願、再訴願）則不包括在內，不過刑事附帶民事訴訟及在行政訴訟程序所提起的附帶請求賠償，則屬於本條所稱的訴訟。起訴中斷時效的效力是自請求權人向法院為起訴的行為便發生中斷的效力，至於訴狀何時送達於對造，並不影響中斷時效的效力。

另外，本條第2項所規定的事項雖然其本身並非起訴，但因為權利人為該些行為已經可以認定其有行使權利的意思，因此下列行為被視為和起訴一樣，也有中斷時效的效力：

(一)依督促程序，聲請發支付命令

督促程序規定在民事訴訟法第六編（民訴§§508～521），是當債權人的請求是以給付金錢或其他代替物或有價證券之一定數量為標的者，可以聲請法院發支付命令（民訴§508），如果債務人在收到支付命令後超過二十天不提起異議，則支付命令具有與確定判決相同的效力（民訴§§518、521）。

(二)聲請調解或提付仲裁

調解不只是指民事訴訟上的調解，依其他法律可以聲請或調處而在性質上應認為與起訴有同一之效力者，也有中斷時效的效力（48台上字第722號判例），例如，依鄉鎮市調解條例聲請調解，也是本條所稱的調解。

至於仲裁，是指依仲裁法所提起的仲裁。仲裁是指由當事人選定之仲裁人對當事人關於一定之法律關係及由該法律關係所生的爭議為仲裁判斷，在當事人間，該仲裁判斷與法院的確定判決有同一的效力（仲裁§37）。

(三)申報和解債權或破產債權

本款所稱和解，是指破產法中所規定的和解，依破產法的規定申報和解債權或破產債權，可認為債權人有行使權利的意思，因此自申報時發生中斷時效的效力。

(四)告知訴訟

在民事訴訟中，當事人於訴訟繫屬中，可以將訴訟告知因自己敗訴而有利害關係之第三人。因為告知人和受告知人之間常存在有債權債務關係，此項告知可認為權利人有行使其權利的意思，所以才會將訴訟告知受告知人，因此告知訴訟也有中

斷時效的效力。

(五)開始執行行為或聲請強制執行

　　強制執行是指權利人藉由法院的強制力以實現其權利內容，既然權利人已如此強烈地實現其權利，自然可中斷時效。又本款所稱強制執行是單指民事強制執行，至於行政上的行政執行或者刑事法上的刑事執行，皆不包括在內。

> **第130條**（因請求之中斷）
> 時效因請求而中斷者，若於請求後六個月內不起訴，視為不中斷。

解說

　　權利人在為請求的表示之後經過相當時間如果不起訴，可認為請求權人並沒有行使其權利的決心，因此本條規定請求權人在為請求之後六個月，如果沒有以起訴的方式來確定其權利內容，則原先所為的請求行為失去其中斷時效的效力，時效變成從來沒有中斷過一樣。

　　所謂起訴包括前條所規定與起訴有同一效力的行為。另外，請求權人在為請求後一直都沒有為起訴的行為，只是反覆地為請求的行為，則每一次的請求行為都在六個月後失去中斷時效的效力。

第131條（因起訴之中斷）
時效因起訴而中斷者，若撤回其訴，或因不合法而受駁回之裁判，其裁判確定，視為不中斷。

解說

訴訟經撤回，則視同自始未起訴，可認為權利人並無請求的決心。訴訟如果因為不合法而受駁回之裁判，也等於是未起訴。所以這兩種情形都不生中斷時效的效果。不過在訴訟被駁回的情形，如果訴狀或起訴筆錄已經送達給義務人，則可視為權利人曾為請求之表示，權利人如果在六個月內再為一次合法的訴訟，則自該訴狀或筆錄送達義務人起發生中斷時效的效力。

第132條（因聲請發支付命令之中斷）
時效因聲請發支付命令而中斷者，若撤回聲請，或受駁回之裁判，或支付命令失其效力時，視為不中斷。

解說

支付命令經撤回或因不合法而受駁回之裁判者，時效均不因而中斷。所謂支付命令失其效力，是指支付命令於發出後三個月內不能送達於債務人（民訴§515），或債務人對於支付命令於法定期間（二十日內）提起異議（民訴§519），既然支付命令失其效力，自不能再發生中斷時效的效力。

第133條（因聲請調解或提付仲裁之中斷）
時效因聲請調解或提付仲裁而中斷者，若調解之聲請經撤回、被駁回、調解不成立或仲裁之請求經撤回、仲裁不能達成判斷時，視為不中斷。

解說

　　權利人聲請調解後自行撤回者，視為未聲請調解（民訴§425）。法院認為調解有不合法之情形，得逕以裁定駁回之（民訴§406）。調解程序中當事人兩造或一造於期日不到場者，法院得視為調解不成立（民訴§420）。仲裁經撤回或仲裁不能達成判斷者，凡此均視為時效不中斷。

第134條（因申報和解債權或破產債權之中斷）
時效因申報和解債權或破產債權而中斷者，若債權人撤回其申報時，視為不中斷。

解說

　　時效因申報和解債權或破產債權而中斷，是因為債權人已表達其行使權利之意願，自然應該中斷時效，但如果權利人撤回其申報，可見其並無行使權利的決心，因此時效視為不中斷。

第135條（因告知訴訟之中斷）
時效因告知訴訟而中斷者，若於訴訟終結後，六個月內不起訴，視為不中斷。

解說

告知訴訟本身並非起訴，只不過是告訴利害關係人其權利會因告知人受敗訴之判決而受影響，因此告知訴訟充其量只是類似於請求權利之表示而已。如果在訴訟終結後六個月內告知人並不起訴，則可見告知人本身並沒有要行使權利的決心，因此，時效也不中斷。

第136條（因開始執行或聲請強制執行之中斷）
時效因開始執行行為而中斷者，若因權利人之聲請，或法律上要件之欠缺而撤銷其執行處分時，視為不中斷。
時效因聲請強制執行而中斷者，若撤回其聲請，或其聲請被駁回時，視為不中斷。

解說

強制執行行為是為權利人請求法院以公權力貫徹權利人之權利，是行使權利很強烈的表示，自然應該中斷時效，但執行行為如果被撤銷，則和沒有作執行行為一樣，時效自不應因而中斷，此撤銷無論是因為權利人的聲請或因為法律上要件的欠缺而撤銷，其結果都一樣。

強制執行如果權利人撤回聲請，可見其並無行使權利的決

心，如果其聲請被駁回後權利人沒有再聲請執行，也可以顯示權利人行使權利的決心並不強烈，因此時效均視為不中斷。

第137條（時效中斷對於時之效力）

時效中斷者，自中斷之事由終止時，重行起算。

因起訴而中斷之時效，自受確定判決，或因其他方法訴訟終結時，重行起算。

經確定判決或其他與確定判決有同一效力之執行名義所確定之請求權，其原有消滅時效期間不滿五年者，因中斷而重行起算之時效期間為五年。

解說

　　時效中斷是指以前經過的時效都不算數，但是權利人的權利並不會因此就永遠不消滅，因為如果權利人作一個時效中斷的行為後又長久不行使其權利，則等於權利人又再度睡眠於權利之上，所以時效中斷後時效仍然會重行起算，而何時重新起算時效便很重要。

　　原則上，時效中斷自中斷之事由終止時，重行起算。例如，租金的給付請求權經過五年不行使而消滅（民§126），如果出租人有一筆80年3月1日的租金忘了收取，到了84年5月3日承租人對該筆租金債權為承認，則五年的時效從84年5月3日又重行起算。

　　如果時效是因起訴而中斷，則時效的重行起算是從確定判決或因其他方式終結訴訟時開始，以其他方式終結訴訟是指如和解等不透過判決而使訴訟終結之方式。

　　時效中斷後重行起算其時效期間的長短依照其原有的時效期間重行計算，不過有些短期時效如果在甚短時間內便又再度因為時效屆至而須再起訴，則於訴訟上不甚經濟，因此本條有短期時效延長的規定。也就是時效期間如果短於五年者，在經過確定判決或其他與確定判決有同一執行名義（例如經鄉鎮市調解委員會調解成立而經過法院核定的調解）所確定的請求權，其中斷後重行起算的時效期間延長為五年。至於其他沒有與確定判決具有同一效力的執行名義，則原有時效期間多長，重行起算的時效期間就是多長。

第138條（時效中斷對於人之效力）
時效中斷，以當事人、繼承人、受讓人之間為限，始有效力。

解說

　　前條規定是關於時效中斷對於時的效力，本條則是關於時效中斷對人的效力。

　　依本條規定，時效僅在當事人、繼承人及受讓人之間其有效力。例如，甲、乙、丙三人同時向丁借錢，丁只有向甲起訴，則該起訴所發生的中斷時效的效果，只有存在於甲和丁之間，對乙、丙並不會發生相同效果。

　　所謂繼承人，是指當事人的概括繼承人，至於受讓人則指特定法律關係的受讓人，例如前例中丁向甲起訴產生中斷時效的效力，嗣後丁將債權讓給戊，則該中斷時效的效力也存在於戊和甲之間。

又本法中也有其他特別規定，使中斷時效的效果在當事人間之外也有效果，例如，債權人向主債務人為中斷時效的行為時，對保證人也有相同效果（民§747）。連帶債權人中其中一人為中斷時效的行為時，解釋上為其他債權人的利益，也發生中斷時效的效力（民§285）。

第139條（時效因事變之不完成）
時效之期間終止時，因天災或其他不可避之事變，致不能中斷其時效者，自其妨礙事由消滅時起，一個月內，其時效不完成。

解說

時效的進行除了中斷之外，尚有時效的不完成，因為在時效即將屆滿前，如果有特殊的障礙事由致使權利人無法行使其權利時，如果再任憑時效進行以至於時效完成，則對於權利人未免過苛，因此特別規定時效不完成的制度，使時效在障礙事由結束後一段時間才消滅。

本條是關於天災或事變等事由致使時效不完成的規定。所謂天災是指水災、火災、地震、暴動、戰亂、罷工、封鎖等人力不可預測抗拒以至於權利無法行使的情形。如果時效終止的時點是在這些天災事變中，則從妨礙事由消滅時起一個月內，時效不完成，也就是時效延長到天災事變事由結束後一個月才完成。

第140條（時效因繼承人、管理人未確定之不完成）

屬於繼承財產之權利或對於繼承財產之權利，自繼承人確定或管理人選定或破產之宣告時起，六個月內，其時效不完成。

解說

　　屬於繼承財產的權利或對於繼承財產的權利，如果繼承人或管理人沒有確定，則有關繼承財產的權利無法行使，也沒有辦法對繼承財產行使權利，因此也是時效不完成的事由。本條規定這些類型的權利，在繼承人確定或管理人選定或繼承財產經破產宣告後六個月，時效才完成。

第141條（時效因法定代理人欠缺之不完成）

無行為能力人或限制行為能力人之權利，於時效期間終止前六個月內，若無法定代理人者，自其成為行為能力人或其法定代理人就職時起，六個月內，其時效不完成。

解說

　　無行為能力人或限制行為能力人本身無法獨立有效行使權利，如果屬於他們的權利而在時效屆滿前六個月沒有法定代理人，因為無行為能力人和限制行為能力人必須由法定代理人代為或代受其意思表示，既然沒有法定代理人，則無法行使權利，權利也會因而時效消滅，將使他們的權利受到損害。因此本條規定如果時效屆滿前六個月沒有法定代理人，則該些時效

將會延長到他們成為行為能力人或他們的法定代理人就職時起六個月才消滅。

第142條（時效因法定代理關係存續之不完成）
無行為能力人或限制行為能力人，對於其法定代理人之權利，於代理關係消滅後一年內，其時效不完成。

解說

　　無行為能力人或限制行為能力人行使權利必須由法定代理人代行或者經過法定代理人的允諾，如果法定代理人不協助，他們將無法有效獨立地行使權利；而如果他們對法定代理人有請求權，法定代理人難免會因為本身利害關係而有所偏袒或不予協助。因此本條規定他們對法定代理人的權利，在代理關係消滅後1年才消滅，也就是原來時效完成的時點只要是在法定代理的關係存續中，則時效將延長至法定代理關係消滅後一年才消滅。法定代理權消滅的原因，例如，限制行為能力人已成年，或者法定代理人更換。

第143條（時效因婚姻關係存續之不完成）
夫對於妻或妻對於夫之權利，於婚姻關係消滅後一年內，其時效不完成。

解說

　　夫妻互相之間的權利如果在婚姻關係存續中，難免因夫

妻情誼以至於不便行使，但若因此而任由夫妻間的權利罹於時效，對權利人並不公平，因此本條規定夫對於妻或妻對於夫的權利在婚姻關係存續中縱使因為未行使而已超過時效期間，到婚姻關係消滅後一年內，都還可以行使。

第144條（時效完成之抗辯）
時效完成後，債務人得拒絕給付。
請求權已經時效消滅，債務人仍為履行之給付者，不得以不知時效為理由，請求返還；其以契約承認該債務或提出擔保者亦同。

解說

　　消滅時效完成後，並非權利歸於消滅，只是債務人產生抗辯權而已。也就是權利仍然存在，但是權利人向義務人為請求時，義務人可以援引時效作為抗辯而拒絕給付。如果義務人並不以時效作為抗辯而仍然為給付，則權利人仍然是有權受領者，並不生不當得利的問題，此時債務人也不能夠以不知道時效已經消滅而要求返還給付的標的物。如果在時效消滅後，義務人以契約承認該債務，或者提出擔保，則該契約及擔保仍有效，義務人必須依照該承認的契約履行義務，也必須履行其擔保，不能夠再以時效消滅作為抗辯的理由。

第145條（附有擔保物權之請求權時效完成之效力）
以抵押權、質權或留置權擔保之請求權，雖經時效消滅，
債權人仍得就其抵押物、質物或留置物取償。
前項規定，於利息及其他定期給付之各期給付請求權，經
時效消滅者，不適用之。

解說

　　請求權是主權利，抵押權、質權或留置權利為從權利，原
則上主權利因時效消滅者，從權利亦歸於時效消滅，但附有擔
保物權之權利，債權人往往因為信賴有擔保物的存在以至於怠
於行使其權利，因此本條規定雖然主權利已經時效消滅，但債
權人仍可以就擔保物取償，也就是債權人可以將擔保品拍賣、
變賣或折價，以賣價所得來清償債務。

　　而本條第2項則規定，第1項就擔保物取償的規定對於利息
及其他定期給付的各期請求權並不適用之。例如，本金和利息
均已罹於時效，則擔保物的賣價所得只能就本金部分取償，至
於利息部分，則並不能從擔保物賣價中取償。

第146條（主權利時效完成之效力）
主權利因時效消滅者，其效力及於從權利。但法律有特別
規定者，不在此限。

解說

　　主權利和從權利本來就有主從關係，從權利原則上應該與

主權利同其命運，因此本條規定主權利時效消滅者，效力及於從權利，亦即從權利也罹於時效而消滅。

例如，債權的本金時效消滅，則該利息也罹於消滅時效；又如債權人對主債務人的請求權因時效而消滅，則對保證人的債權亦罹於時效而消滅。

主權利因時效而消滅，效力及於從權利固然是原則，但法律如果有特別規定，則不在此限。例如前條的規定即是例外的規定。

第147條（時效期間加減及利益拋棄之禁止）
時效期間，不得以法律行為加長或減短之，並不得預先拋棄時效之利益。

解說

時效期間的長短有其維持社會交易安全的功能，因此本條規定不得以法律加長或減短之，亦即時效期間的長短概依法律的規定，不得任由當事人加長或減短。

至於債務人因為時效期間經過而取得抗辯的權利，此稱之為時效利益。時效利益不得預先拋棄，亦即在時效期間還沒有經過前，不能預先拋棄。不過在時效期間經過之後債務人拋棄其時效利益，則法律上並不禁止。時效利益的拋棄，解釋上係有相對人的單獨行為。

第七章
權利之行使

　　整部民法便是規範權利和義務相互關係的法律,而行使權利及履行義務使成為民事關係的最核心問題。

　　原則上,權利人擁有權利,其如何行使權利是其個人自由,他人不應干涉,不過是在傳統權利本位及自由主義的思想下才會衍生出這種權利絕對不可侵犯的思想。如果從權利社會化及權利相對化的思潮來思考,則行使權利不只是保護個人利益,也同時有維持社會秩序和公共利益的功能,因此權利的行使,還必須從社會整體的利益來衡量。本章就是對個人權利行使所設的限制,使權利的行使不只能滿足權利人的利益,更能夠融合社會的群體利益。

第148條（權利濫用之禁止）
權利之行使,不得違反公共利益,或以損害他人為主要目的。
行使權利,履行義務,應依誠實及信用方法。

解說

　　誠信原則為民法行使權利、履行義務的最高指導原則,在

學理上稱為「帝王條款」，也就是誠信原則的適用凌駕在任何法條之上，任何一個條文的適用，都不能違反誠信原則。

在具體運用上，禁止違反公益、禁止權利濫用及誠信原則這三者的基本精神有相通之處，三者調合了個人、社會、國家三方面協同融合的關係。在實際的運作上，三者所著重的地方有些微差異，但在基本精神上，三者都是由誠信原則所衍生出來的，在運用上本來就具有互補的功能，因此本法將此法律適用的最高指導原則規定於本條文，以作為適用本法條文的最高標準。

所謂公共利益，是指不特定多數人共同利益的通稱，至於適用標準為何，則必須就具體案例作判斷，無法定出統一的標準。但在適用上必須注意，行為人主觀上有無違反公益的意思並不重要，只要在客觀上有違反公益的狀態，則該行使權利的行為就會被定為不合法的行使權利。違反公益的情形例如，將私人所有但已經供公眾通行數十年的土地擅自搭建建築物以至於影響公眾交通，便是典型的例子，此時該土地所有人的所有權就受到公益的限制。

權利濫用的情形是指該行為在外觀上雖然是權利的行使，但實質上卻危害了其他人的正當權利，逾越了該項權利社會經濟上所應有的目的。原則上，權利人行使權利，必定是義務人在某些方面受到不利益，但一般而言，義務人的不利益和權利人的獲利之間通常是相當的。例如，債務人償還債務，從債務人而言固然少掉了金錢，但債權人相對地獲得了相當的經濟上利益。可是如果權利人權利的行使完全是損人不利己，或者只是權利人獲得些微利益，但卻使他人蒙受重大損失，便是權利的濫用。例如，在自己的土地上搭建無用的高牆，其目的

只在遮蔽鄰人的視線及陽光，即為權利濫用；或者對於已近完工的千坪大樓建主，只因為越界建築了四坪則要求建主拆屋還地，而拒絕建主以市價購買該四坪土地的請求，也是權利濫用。權利濫用時不構成權利行使的效果，法律上不予保護，如果權利濫用情形嚴重，有時候法律甚至剝奪權利人的權利，例如，父母親濫用親權時，可能被剝奪其對子女的權利（民§1090）。

誠信原則是誠實信用原則的簡稱，是本法的帝王條款。實務上有關違反誠信原則以至於被認為行使權利不當、履行義務不當者例子甚多，例如，償還債務只比約定時間遲誤些微時間，並不影響債權人權益，債權人不得因此主張債務人遲延（26年滬上字第69號判例）；委任律師時約定一、二、三審的總報酬，結果當事人自行在外和解，因律師只辦理相當於第一審之事務，依誠信原則，僅能請求相當於第一審的報酬（49年台上字第128號判例），因幣值劇烈變動，依照原定給付額給付顯失公平，則法院可依誠信原則增減給付（49年台上第1407號判決）。

第149條（正當防衛）
對於現時不法之侵害，為防衛自己或他人之權利所為之行為，不負損害賠償之責。但已逾越必要程度者，仍應負相當賠償之責。

解說

本條是有關於正當防衛之規定。正當防衛是指對於現時不

法之侵害，為防衛自己或他人之權利所為之行為，例如，他人持刀欲砍傷自己，而對於持刀者予以反擊的行為。茲將正當防衛之要件分析如下：

(一)須對於「現時」的侵害

必須對於現在尚在進行的侵害才能正當防衛，如果侵害已經過去，或者尚未到來，則不能實施正當防衛。例如，失竊後三天在馬路上遇到竊嫌，不能夠實施正當防衛。

(二)必須對於「非法」的侵害

如果對合法的侵害，例如，政府依法拆除違建、徵收土地，則不能正當防衛。

(三)必須防衛自己或他人的權利

所謂權利，包括公權、私權、財產權及非財產權。也不必限於防衛自己的權利，他人的權利也可以正當防衛。

(四)必須防衛行為沒有逾越必要程度

此時本條後段所規定，防衛不得逾越必要程度，否則構成「防衛過當」。防衛是否過當必須從兩方面來考慮，一方面從防衛手段的必要性，另一方面從採取防衛行為所保護到的法益以及因防衛行為所侵害的法益二者有否顯失公平。例如，他人在自己的土地上搭蓋帳蓬，加以拆除搬移就可以，但如果藉機將該帳蓬割裂撕碎，則為防衛過當。

第150條（緊急避難）

因避免自己或他人生命、身體、自由或財產上急迫之危險所為之行為，不負損害賠償之責。但以避免危險所必要，並未逾越危險所能致之損害程度者為限。

前項情形，其危險之發生，如行為人有責任者，應負損害賠償之責。

解說

本條是關於緊急避難的規定。緊急避難是指為避免自己或他人生命、身體、自由或財產上的急迫危險，所採取的不得已的行為。例如，兩人同時遭遇海難，卻只有一塊足以承受一個人重量的小木板，為了求生而搶奪該塊木板，以至於另外一個人溺斃，這便是緊急避難所謂不得已的行為。茲將緊急避難的要件分析如下：

(一)須避免急迫的危險：不只是要現在的危險，而且該危險還要是急迫，必須要立刻除去，否則損害將擴大的情形而言。例如，鄰居發生火災，當然可以破門而入救火，如果發覺鄰屋逐漸傾斜，則可以僱工修復，不可以實行緊急避難。

(二)只限於避免自己或他人生命、身體、自由或財產上的急迫危險，才可以緊急避難，至於為避免名譽上的損害，則不可實行緊急避難。

(三)須未逾越必要的程度：緊急避難超過必要程度，則稱為「避難過當」。比起正當防衛，緊急避難的要件更為嚴格，在手段上，緊急避難必須是唯一的手段才可以主張緊急避難，如果除了該項手段之外還有其他方法也可以避免損害的發生。

就不能主張緊急避難，例如，遭受瘋狗攻擊，如果可以選擇躲進屋裡也可以避免攻擊，這時候就不可以主張緊急避難而將狗打死。緊急避難在這一點和正當防衛不一樣，正當防衛所採取的行為不一定要是唯一的手段，只要是可以避免損害的行為當中的其中一種，就可以主張正當防衛。但緊急避難則必須避難行為是在當時的狀況下唯一的選擇才可以主張緊急避難。

另外，因避難行為所造成的損害不可以大於因危險所可能導致的損害，例如，為了避免房子火災擴大而打破窗戶救人就可以主張緊急避難，但如果為了搶救價值十萬元的違建而丟棄價值千萬元的珠寶，就不允許。這點也和正當防衛不一樣，在正當防衛中因防衛行為所造成的損害也可以大於因防衛所保護到的法益，只要兩者之間不是顯然不相當，而且採取該防衛行為是必要的手段，就可以構成正當防衛。

第151條（自助行為）

為保護自己權利，對於他人之自由或財產施以拘束、押收或毀損者，不負損害賠償之責。但以不及受法院或其他有關機關援助，並非於其時為之，則請求權不得實行或其實行顯有困難者為限。

解說

本條是關於自助行為的規定。自助行為是指為保護自己權利，在來不及受公權力保護介入情形，對於他人之自由或財產，施以拘束、押收或毀損。例如，債權人在機場看到債務人攜帶大量財物準備搭機遠走高飛，債權人為保護自己的債權，

可以先將債務人扣押，阻止其登機。茲將自助行為的要件分析如下：

(一)必須是保護自己的權利，如果是保護他人的權利，不可以主張自助行為。

(二)必須是時機急迫，不及受法院或其他有關機關援助，始得為自助行為，如果時機從容，不得主張自助行為。例如，債務人雖欲搭機潛逃，但其在國內仍有大量財產，可以透過法院扣押，就不可以主張自助行為。

(三)自助行為限於拘束他人自由，或押收、毀損他人財產，至於其他行為，則不在自助行為範圍內。而且自助行為只能針對債務人個人以及其財產為自助行為，對於其他人或其他人的財產就不能主張自助行為。

第152條（自助行為人之責任）
依前條之規定，拘束他人自由或押收他人財產者，應即時向法院聲請處理。
前項聲請被駁回或其聲請遲延者，行為人應負損害賠償之責。

解說

自助行為是在來不及受公權力有效介入的緊急情形下所給予權利人例外的救濟途徑，因此自助人在為自助行為後，必須馬上報請法院處理。因為到底自助行為是否正當，有無逾越必要程度，均係由法院加以判斷。

如果自助行為人聲請法院處理有所遲延，或其聲請被駁

回，則行為人對於其自助行為所造成的損害，必須負損害賠償責任。

從本條的反面解釋，如果自助行為人的聲請沒有遲延，而且其聲請又經法院認可沒有被駁回，則其自助行為是合法的，不僅阻卻違法，而且不須負任何責任。

國家圖書館出版品預行編目資料

民法.總則／王惠光，黃碧芬著.--六版.
--臺北市：書泉出版社，2024.04
面；　公分
ISBN 978-986-451-368-0（平裝）

1.CST：民法總則

584.1　　　　　　　　113002191

3TE2　新白話六法系列005

民法・總則

作　　者 — 王惠光、黃碧芬（308）

發 行 人 — 楊榮川

總 經 理 — 楊士清

總 編 輯 — 楊秀麗

副總編輯 — 劉靜芬

責任編輯 — 黃郁婷

封面設計 — 封怡彤

出 版 者 — 書泉出版社

地　　址：106台北市大安區和平東路二段339號4樓

電　　話：(02)2705-5066　　傳　真：(02)2706-610

網　　址：https://www.wunan.com.tw

電子郵件：shuchuan@shuchuan.com.tw

劃撥帳號：01303853

戶　　名：書泉出版社

總 經 銷：貿騰發賣股份有限公司

電　　話：(02)8227-5988　　傳　　真：(02)8227-598

網　　址：www.namode.com

法律顧問　林勝安律師

出版日期　1995年11月初版一刷
　　　　　2001年 2 月二版一刷
　　　　　2003年12月三版一刷（共四刷）
　　　　　2008年 7 月四版一刷（共二刷）
　　　　　2012年 6 月五版一刷（共二刷）
　　　　　2024年 4 月六版一刷

定　　價　新臺幣280元

經典永恆・名著常在

五十週年的獻禮——經典名著文庫

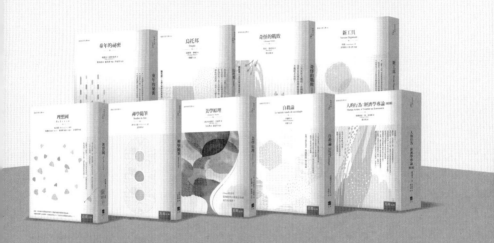

五南，五十年了，半個世紀，人生旅程的一大半，走過來了。

思索著，邁向百年的未來歷程，能為知識界、文化學術界作些什麼？

在速食文化的生態下，有什麼值得讓人雋永品味的？

歷代經典・當今名著，經過時間的洗禮，千錘百鍊，流傳至今，光芒耀人；

不僅使我們能領悟前人的智慧，同時也增深加廣我們思考的深度與視野。

我們決心投入巨資，有計畫的系統梳選，成立「經典名著文庫」，

希望收入古今中外思想性的、充滿睿智與獨見的經典、名著。

這是一項理想性的、永續性的巨大出版工程。

不在意讀者的眾寡，只考慮它的學術價值，力求完整展現先哲思想的軌跡；

為知識界開啟一片智慧之窗，營造一座百花綻放的世界文明公園，

任君遨遊、取菁吸蜜、嘉惠學子！